Paul Virilio / Sylvère Lotringer

CREPUSCULAR DAWN

黄昏の夜明け

光速度社会の両義的現実と人類史の「今」

ポール・ヴィリリオ
聞き手:シルヴェール・ロトランジェ
土屋 進 訳

新評論

黄昏の夜明け／目次

凡例

行間番号および〔 〕は原文のもの、行間＊印および（ ）は訳者のもの。原文中のイタリックは太字とした。

黄昏の夜明け

光速度社会の両義的現実と人類史の「今」

序　時間爆弾

シルヴェール・ロトランジェ

1　戦時

矛盾した言葉を重ねて使った本書の表題『黄昏の夜明け』が明らかかするように、ポール・ヴィリリオの著作には両義的なものが深く横たわっています。その両義性は簡単に無視できるものではありません。いやそれどころか熟考に値するものなのです。彼の著作、言い換えれば彼の探求の性質には、両義性が一貫して埋め込まれているのです。速度概念を極めた驚くべき予言者であり、まちがいなくマルティン・ハイデガー〔一八八九–一九七六〕以来最も重要な技術思想家である彼が、実際には技術を激しく憎悪していることを知れば、大多数の読者はたびたびショックに襲われるでしょう。とはいえ、そこには技術への強い思い入れがあり、それは憎悪よりも強く、とても人に伝わりやすいものなので、私たちは彼の技術への絶対拒否を、愛や情熱という形で経験することになるでしょう。いずれにせよ技術への愛と拒絶はとても強い絆で結ばれているので、彼のやったことは、彼の取ったやり方以外では実現できなかったことは確かです。ヴィリリオの世界は、黄昏の世界です。しかしあまりにも激しく燃え上がり、あまりにも詩的なので、新しい夜明けとまちがわれやすいのです。

ヴィリリオは第二次大戦中にフランスのノルマンディー地方を襲った爆撃を子ども時代に体験しており、その頃の思い出をしばしば語ります。皮肉なことに爆撃はフランスを占拠していたドイツによるものではなく、フランスの解放を目指した連合軍によるものでした。一方、彼の知り合いだった隣の少女は、夜間外出禁止令が敷かれたあと、ドイツ警備隊によって射殺されました。死は両側から迫ってきたのです。このような出来事を通して、彼はドイツ軍を敵と考えるだけにとどまらず、戦争そのもの、戦争が人々に与える影響こそが敵であると考えるようになりました。戦争が巻き起こす理不尽な破壊は、ヴィリリオの感性に強烈な衝撃を与え、戦争に対する生涯にわたる強迫観念の「原風景」となったのです。心に深い傷を負わせた出来事は、それがどのようなものであれ最大の関心事になります。ですからヴィリリオは、予感と怖れと興奮を伴ってあらゆるところで戦争を探求し続けてきたのです。強度において、戦争に匹敵するほどのものは戦争以外にはありません。どんなに人々が戦争を憎んでも、戦争は特異な形で人々を世界につなげる手段となるのです。

多くの人々はその圧倒的な暴力と、その余波（絶滅収容所から届いた知らせ、暴かれた恐怖）によって打ちのめされました。しかしヴィリリオには、戦争がまるで大人になるための通過儀礼であるかのように、エネルギーを奮い立たせる効果をもたらしたように思います。戦争によって彼はリアリティの根幹に触れることができたのです。ジョルジュ・バタイユ*は一九四七年にそれと似た精神状態を、フランスのレジスタンス闘士ダヴィッド・ルーセ〔一九一二－九七〕の本を紹介する記事の中で語っています。その記事でバタイユは、強制収容所に送られた経験を「狂気の実験に立ち会うことを考えただけで、ほとんど至福ともいえる興奮状態になった」と語るルーセを称賛します。そして「これ以上雄々しく、これ以上**健康なものはない**」[1]と、身震いを引き起こすコメントを記しています。私はこの言葉に今でも震えが走ります。もちろんこの一文は、そういう効果を読者にもたらすことを意図的に狙ったものでした（私の場合はそのような一文を書くことは決してできないでしょう。私はヴィリリオより六歳年下でユダヤ人です。戦時下のユダヤ人の子どもとして経験した戦争は、私にとってはまったく違う意味を持つものでした）。戦争はあらゆる人間性を剝奪する一方で、ルーセの人生にはある種の意義を与えたのです。戦争に対するヴィリリオの反応はそれと同じように**雄々しく**、そして健康なものであったように思います。ルーセと同じように戦争の根底に触れることを通して、ヴィリリオは真実が存在し、真実は解き明かされることを望んでいると気づいたのです。それ以来、彼は真実の解明に向かって歩み続けてきたのです。

＊一八九七－一九六二。悪・蕩尽・エロティシズム・至高性といった排除されたものを通して世界を考察し、現代思想に大きな影響を与える。

（1）Georges Bataille, "Reflexions sur le bourreau et la victime" [Reflectionson the Torturer and the Victim], in *Oeuvres Complètes* XI. Paris: Gallimard, 1988, p. 264.

ですからヴィリリオの処女作『バンカー（掩蔽壕）考古学』[2]（一九七五）が、ドルメン〔フランス、ブルター地方にある巨石が並ぶ古代遺跡〕や旧石器時代の洞窟のような佇まいで戦後大西洋の浜辺に点在していたドイツ軍の小要塞《トーチカ》の記録であったことに、驚きはありません。その本が明らかにしたのは、ドイツの**電撃戦**を阻止するためにフランスが苦労して作り上げた大要塞線＝マジノ線と同じように、長期的な視点から見れば、もはやトーチカは役に立たないという事実でした。ヴィリリオは海岸線に沿って遙かベルギーまでたどり、長い時間をかけて写真を撮ったに違いありません。しかし彼が注意を傾けていたのは、トーチカのバロック的な建築術よりも、分厚いトーチカ内部に宿る暴力だったのではないでしょうか。本書『黄昏の夜明け』の第I部で明らかになるように、ヴィリリオを魅了したのは建築そのものではなく、**暴力の考古学**であり、建造物はそれを構成する一部にすぎなかったのです。私は子どもの頃、浜辺に佇むあの巨大なコンクリート製クジラによじ登り、滑らかな側面を下の砂地まで、まるで人間爆弾のように転がり落ちていったことを思い出します。第二次大戦はほとんど終結していたのに、私たちはすでに次の戦争に備えた訓練をしていました。時おり私は、掩蔽壕《バンカー》の硬いシェルに自分の耳を押し当てていました。まだ内部で脈打っていた戦争のとどろきを聞き取ろうとしたのです。

（2）Paul Virilio, *Bunker Archeology:* Texts and Photos, trans. George Collins. New York: Princeton Architectural Press, 1994. [*Bunker archéologie*. Paris: CCI, 1975].

『バンカー考古学』はヴィリリオの心の考古学として読むことができます（ヴィリリオは閉所恐怖症で、この作品はいかなる場所へも旅行することのない彼の心と重なり合うのです）。大陸の端々で空を監視し続けるバンカーのように、彼は切迫した私たちの運命の予兆を捕捉するために、収縮する私たちの世界の地平を偵察し続けているのです。そして彼がいうには、彼は「起こりうる大破局を監視する潜望鏡のようなものになろうとしている」のです。バンカーが引き起こす閉所恐怖症のイメージは、時を追ってどんどん肥大化し、文字通り地球全体を飲み込むほど膨れ上がっています。『黄昏の夜明け』がたどろうとしているのは、観測を通して明らかになった、空間バンカーから**時間バンカー**への変化の軌跡です。時限爆弾と同じように、目に見ることのできない**時間バンカー**はいっそう不気味さを増しています。そして今度は、コンピュータ世界から生まれた不気味な「生物爆弾」が、核爆弾が去った場所を占拠しようと脅しをかけているのです。

戦争の恐怖を簡単に忘れることはできません。真夜中にいかに激しく恐怖と戦ったとしても、その恐怖が再び人生に強行突入し爆発する日を迎えるであろうことを私たちは知っているからです。**しかも恐怖が爆発するその時を、私たちは待ち構えることなどできないのです。**戦争によりもたらされる大破局以上に生存本能を励起するもの、第一次大戦で奮戦したドイツの作家エルンスト・ユンガー（一八九五－一九九八）の表現を借りて換言すれば、自分の感覚の「総動員」を励起するものはないのです。「極端に至る」絶対戦争というフォン・クラウゼヴィッツ（一七八〇－一八三一）の戦略理論を、ヴィリリオはまちがいなく首尾一貫して著作に取り入れています。最盛期の隣国フランスを破ったプロセイン軍の理論家クラウゼヴィッツは、戦争の完遂を阻止するために政治が介入しなければ、戦争はつねにすべての限界を超え、全面的な破壊に向かうと考えていたのです。しかし世界的規模で私たち自身が戦争機械となり、戦争機械を停止できるものがもはや何一つなくなってしまったとき、一体何が起きるのでしょう？

戦争は今までとは違うものになっています。たしかに世界中には、日々の大虐殺の割り当てノルマを十分満たすほど、まだ古い戦争のやり方が数多く残っています。しかしその大部分は熱気がもうもうとただよう戦場から、準備と組織化の継ぎ目ないプロセスへと移行してしまっているのです。第一次大戦時にもたらされた**兵站＝物流**の突然変異、つまり「技術上のサプライズ」は、今や戦時も平時も別の手段で戦争の継続を追求し続ける戦争経済へと行き着いたのです。政治の手が届かなくなった現在の私たちのような世界では、戦争の悪魔的な傾向を回避し食い止めることは不可能ではないにしても、それはさらに困難なものになっています。おそらく私たちは、もはやあとに引けない段階にたどり着いているのかもしれません。いやむしろその段階さえ見逃しているのではないでしょうか。際立って目立つ戦争から、ほとんど目に見ることのできない戦争に至るまで、あらゆる形の戦争がすでに手に負えないものになっているのかもしれません。それでも、純粋戦争という新しい形態の戦争を理論化したヴィリリオは、ひたすら同じ意見を言い続けています。それは、「なぜあなたはそれほどネガティブなのですか?」というヴィリリオに対するあらゆる筋の通ったさまざまな反対意見に対して、彼が黄昏を問い続けるために頑強に守った考え方で、これについては『電脳世界——最悪の政治』[3]（一九九六）としてまとめられています。実際にはみなが薄々気づいているように、戦争がもはや戦争の中にないとすれば、そして本当は立派な研究室に、あるいは揺るぎない研究機関の中に埋め込まれているとすれば、科学と知識はもはや戦争の彼方にある特別なものと考えることはできないでしょう。技術は指数関数的に戦争の及ぶ範囲を拡大し続け、単なる全人民に対する戦争にとどまらず、新しいスーパー人類による既存の人類への戦争にまで拡大しているのです。こういった狂乱状態に対して、手紙爆弾（ヴィリリオはユナボマー*ではありませんから）やテロリスト的な脅迫を差し向けるのではなく、知識そのものの内部から、一体それはどういうことなのかを考えなければなりません。それは一九八三年の『純粋戦争』[4]によって私たちがともに探求を始めた思索の道筋でした。その道筋をさらにたどってでき上がった本対談では、考古学的アプローチで優生学というルーツを探査し、同時に**実際にはすでに現実化している**想像しがたい極限状況の行く末に迫り、その先に想定される「生物爆弾」の全体像を明らかにします。

（3）Paul Virilio, *Politics of the Very Worst*. Trans. Michael Cavaliere. New York: Semiotext(e) Foreign Agents Series, 1999. [*Cybermonde, La Politique du pire*. Paris:Editions Textuels, 1996].（『電脳世界——最悪のシナリオへの対応』本間邦雄訳、産業図書、一九九八）

＊本名セオドア・ジョン・カジンスキー。一九四二−。産業社会に反対し、連続爆破事件を起こす。本書二四二頁参照。

（4）Paul Virilio/Sylvère Lotringer, *Pure War*, trans. Mark Polizotti, postscripttrans. Brian O'Keefe/ New York: Semiotext(e) Foreign Agents, 1983; reprint 1997.（『純粋戦争』細川周平訳、ユー・ピー・ユー、一九八七）

2　時間に対する戦い

一九六〇年代半ば、建築家としてパリで仕事をしていたポール・ヴィリリオは、クロード・パラン〔一九二三－二〇一六〕とともに新しい精神と新しい物理形態に基づいて建築設計を行う建築原理グループを作りました。このグループは地球物理学的な観点から見ても、幾何学的な観点から見ても、それ以前とはまったく異なる建築原理を打ち立て、一連のマニフェストを一九六六年に公表しました。あらためて**基礎原理**から建築を再建することを宣言したのです。これまでのように均衡と安定に重点を置くのではなく、これからの建築は人間の運動性と意識を高める手段となるべきであり、そのためには不均衡とゆらぎに重点を置くべきだと主張しました。「動く乗り物」に侵略された世界では、人はあまりにも受動的となり、あまりにも動かなくなってしまっているので、地球の重力を動力として使い、再び身体を動かすようにすることが建築の仕事だと考えたのです。「斜め空間機能《フォンクシオン・オブリック》」と呼ぶグループ綱領は、全人類の活動に及ぼす危機状況、すなわち不動化により人間の動きを減衰させ、人間そのものに変異をもたらす恐れのある危機状況を乗り越えるために作られたものです。ポスト工業化社会が作るメタ都市における新しい「斜め空間《オブリック》」住居は、「大地から切り離された人間」の単なる住まいではなく、その居住者に動きを生み出すよう、さまざまな角度のカーブや傾斜路や傾斜面などの障害物を意図的に備えたものでなければならない。ヴィリリオは自分たちの意図を体現するこの綱領を、「こういった居住環境が生み出す自然の活力によって、これまでの社会理論では生み出しえなかった新しい社会を創出することができるのです」という一文で結んでいます。

一九六〇年代半ば頃は、イデオロギー上の相違がいかなるものであれ――実際、当時はその隔たりを埋めることは難しいと思われていたのですが――、パリで活動していたさまざまなグループのあいだでは同じ考え方が共有されていました。新しい「消費社会」が生み出す急激な変化にどう対応すべきかという視点が共有され、新しい経済構造が日常生活にもたらす巨大なインパクトを前に、それぞれ自分たちのやり方で、技術の進歩が引き起こす不安定化やその影響を緩和しようと努力していたのです。かつては工場の中に階級闘争が存在していました。しかし今日では家庭という場で闘争を繰り広げなければならないのかもしれません。すでに初期の段階で、進歩的マルクス主義社会学者のアンリ・ルフェーブル〔一九〇五－九一〕は、「商品」が日常生活に侵入していることに警告を発していました。「最終段階」に到達した資本は、悪魔のような姿から、慈悲深い何ものかであるかのように姿を変え、心を躍らせるようなシステムへと自己改良を遂げたのです。家電のような技術進歩の助けを借りて、それまでの抑圧的な振る舞いから、より「人道的」で魅力的な搾取形態を取るようになったわけです。かつて資本は人々を労働者として隷属させていたのですが、その労働者を消費者に作り換えたのです。その結果、「疎外」の性質と広がりは根底的に変わりました。このとき最も大きな焦点となったのは、産業界にとって満足のいく**欲望**を、労働者たちに染み込ませることでした。モノ広告が洪水のように溢れ出し、大多数の人々はたちどころに階層の違いや政治的イデオロギーを脱ぎ捨て、快活で移り気な新しい消費者大衆に変わっていきました。

ヴィリリオとパランが提唱した歪み・傾斜《オブリキティ》の主な役割は、「拒絶状態や反発状態」を引き起こすことによって、受動的な消費者を無力状態から引き剝がすことでした。詩人で演出家のアントナン・アルトー〔一八九六－一九四八〕はすでに一九三〇年代半ばに、同じような戦略を打ち出していました。アルトーが提唱した「残酷演劇」とは、感覚を爆撃し、ショックを与え、観客を受動性から抜け出させることを目指したものです。それと同じように、ヴィリリオらの建築原理は、間近に迫った脅威に対する先制攻撃として、宗教儀礼や宗教用具を模倣していた従来型のモダニストの伝統と正反対の方向からモダニズムを刷新するものでした。とはいえアルトーが試みたような精神的ショックや金切り声だけでは、もはや肉体を取り戻し、新しい集団的な絆を取り戻すことはできません。このような状況下で、ギー・ドゥボール*らの状況主義者《シチュアシオニスト》は、今日の社会全体を襲っている「疎外」の主要な特徴は「統合」と「分離」だと考えました。つまり、一方では、直接的な生活経験を排除したさまざまなイメージによって社会関係の同質化を図る**統合**が進められ、もう一方では、技術革新によって利用可能になった自動車、テレビ、旅行などが進歩の御旗のもとで喧伝されながら実際には社会的孤立状態の強化という**分離**が進められている状態を、現代の「疎外」の特徴であると考えたのです。「見世物《スペクタクル》」は現代社会の主要な**特徴**であるだけでなく、主要な**道具**として、対話や活動という日常実践を排除する積極的な統合力になっていたのです。

＊一九三一－一九四、思想家・映像作家。六七年に『スペクタクルの社会』を出版。資本主義社会では、マスメディア、宣伝広告、ポップカルチャーが作り出すイメージ（スペクタクル）によって現実を形づくる社会関係が解体され、「個人の生」が疎外されていると主張。それに対抗するために街を「漂流」する、あるいは「逸脱」するといった行為を通して、物神崇拝の夢から抜け出す行動を呼びかける。彼の主張は六八年のパリ五月革命に大きな影響を及ぼした。

シチュアシオニストは、共通体験のできる一時的な「状況《シチュエーション》」を作り上げることによって、あるいは商品に対して持つ私たちの意識を徹底的に作り直すことによって、人々の生活に及ぼす「スペクタクル社会」の支配力を緩めようとしました。一方、状況に対して同じような認識を持つヴィリリオらの建築原理は、もう少し現実的なアプローチを取ります。彼らは身体に向かっていったのです。そして今までとはまったく違う方向から考えました。「スペクタクル」は人々を家庭の中に、テレビの前に、そして技術によって拡張された自分の身体の中に隔離する効果をもたらしましたが、そういった無力化に抵抗できる運動機能を身体に復原させるべく、家庭内環境に新しい仕掛けを組み入れようと考えたのです。重力に対して生まれる応力を、新しいダンスの動きに転換しようとしたわけです。ヴィリリオと彼のグループは、人間を「運動機能不全」に陥れる車やエレベーターなどのさまざまな「補助器具」から肉体を解放するために、それを可能とする恒久手段を建築家として探し求めました。シチュアシオニストのように人々を街中に漂流させるのではなく、**漂流可能な環境に**人々を解き放つことを目指したのです。しかしそのためには、今までの伝統的な住居の特性を全面的に考え直さなければなりません。これまで住居を構成していた垂直性（壁、個室など）は、住居の外で大々的に日々強いられる統合と分離を、その内部においてもさらに補強する役割を果たしているのではないのか。それに代わって考案したのが、

「生活の場」に見られる準安定化状態*をベースにした開放的な位相空間《トポロジー》**です。それは内側と外側の対立を意図的に崩壊させるものです。身体という最新の「変形する車」が空間を自由に動き回れるような状態、別の言い方をすれば、不安定であると同時に「統一性のある」状態、これを作り出すことで、ヴィリリオらは新しい「居住可能な動線」〔人が住むのに適した一連の動き〕のさまざまな形を考えようとしたのです。

*身体が動くためにはバランスを崩し、バランスを回復するという連続的な変容空間が必要であり、私たちはその中で日常を生きている。その状態を指す言葉。

**位相空間《トポロジー》とは点が同一位相にある空間を指す。たとえば一本のテープの裏と表をねじり、張り合わせると、裏と表の空間が同一位相にあるメビウスの輪と呼ばれる空間が生まれる。ここで点を人間と見立ててその動きを考えてみると、人間の移動空間をメビウスの輪のようなトポロジー的概念で設計すれば、人間の一連の移動の動きの中で裏と表の空間を利用できるようになる。そのような空間を指す言葉。

　強化家屋とも固定戦車ともいえるバンカーは、破壊兵器を使った敵の攻囲に防御兵器で対抗する古来の戦争形態の原形を再演したものでした。これに対し、ヴィリリオらの建築原理では、居住空間に障害物を設置するという独創的な防御機構を建築物に組み入れることで、新たな攻囲にバンカーと同じように対抗しようとしました。こういった意味で、「フォンクシオン・オブリック」は戦争の戦術形態だったのです。ヴィリリオも積極的に参加した一九六八年のパリ五月革命で明らかになったように、街頭でのバリケードによっても、車の転覆によっても、あるいはかつての革命の詩に素朴に浸ることによっても、もはや消費中心主義の誘惑を食い止めることはできませんでした。それらは時間の進み具合を少し遅れさせただけでした。まるで昏睡状態に陥った患者の呼吸を人工呼吸器が肩代わりするかのように、今日では現実の事物に置き換わるさまざまな記号の流れが、身体だけでなく社会全体にも浸透しつつあります。政治はスタジオ現場の中で「映画」に変えられてしまったのです。しかし『スペクタクル社会』という著作で消費社会を告発したシチュアシオニストのギー・ドゥボールでさえ、さまざまなスペクタクル・イメージの何がそれほどパワフルなのかを明確に把握することはできませんでした。スペクタクル社会で最も重要なのは、単なるイメージの蓄積ではなく、実はイメージの**流通**だったのです。ハイパーリアリティは、陰謀論者たちがしばしば展開するようなイデオロギー的操作ではなく、めまいを引き起こすようなイメージの瞬時性と双方向性がもたらす**速度の産物**なのです。

　労働者階級から搾り取られる富によって、イメージによる身体政治が強化されている。シチュアシオニストはそう信じていました。彼らの分析に抜け落ちていたのは、富はつねに速度の一側面でしかないという事実でした。すべての権力はまず何よりも「速度主義的《ドロモチック》」（**ドローモス**＝競技用トラックというギリシャ語由来のヴィリリオによる造語）です。なぜなら権力は自らの領土をコントロールするために輸送と伝送に依存しなければならないからです。速度専制主義《ドロモクラシー》そのものが権力であり、国家や富が権力というわけではないのです。社会変化を生み出す主要メカニズムは流通だったのです。そして遂には静止状態でさえ速度の産物になってしまいました。「極の不動」（目的地や出発地といった特異点の喪失。本書九三頁参照）はパニックや世界的感染症《パンデミック》に変わっていく明らかな兆しでした。それはテレビ装置のように壁に埋め込まれているのです。そういった状況に対して、ヴィリリオは位相空間《トポロジー》から遠隔位相空間《テレトポロジー》へ、また防衛戦略からより攻撃的な――より**先制攻撃的**な――戦略へと移行していきました。彼は技術が及ぼす効果を、斜め空間《オブリック》という空間操作によって間接的に打ち消そうと努力しただけでなく、光速情報通信兵器が意図せずに放出する知識を再び自分たちの手に取り戻そうとしたのです。そしてその難題に取り組むには、瞬時技術に内在する破壊的性質を検証し、その力を自分たちのために転用する以外に方法はありませんでした。とはいえ、ヴィリリオの妨害や障害物に対する類を見ない関心や、事故が露呈する特性への圧倒的な関心は、建築家としての彼が遙か以前から提案していた戦略を思い起こさせるものです。全面事故を注視し続けるヴィリリオは、良質なモダニストというもう一つの側面を持ち続けているのです。

全面事故は、——想像を絶する規模の原子崩壊や地球規模の電子嵐によって——人類を外部から脅かすだけにはとどまりません。（コンピュータの）速度から生まれ出た「遺伝子爆弾」とバイオテクノロジーによって、全面事故は人類の内部にも静脈注射のように解き放たれるのです。すでに敵は内部に侵入している以上、もはや肉体バンカーの補強壁を堅固にすれば攻撃に対処できるという状況ではありません。一〇万年の休眠状態を経て、人類は大胆にも再び自分たちが作り出す進化の中に、その結末も計り知れないまま飛び込もうとしているのです。もし過去五〇年にわたる生物圏での「進歩」が及ぼす影響を明示する指標があるとすれば、いま沖合に停泊している生物汚染（すなわちマイクロエンジニアリングや身体移植など多様な手段を使って、身体の内部や外部に器官移植用の養殖種を作り、遺伝子交換モンスターを組み立て、細胞のクローン作成を行うといった生物汚染）は、人体はすでに最終段階に到達しているという事実を信じない人々に対しても、まちがいなく恐怖の念を引き起こさせるに違いありません。人類種への攻撃は、〔ナチス・ドイツによる〕人種絶滅の恐怖をありありと思い起こさせるものです。そうである以上、私たちは科学やグローバル経済システムの中立性を信用することはできません。ヴィリリオの仕事が明らかにするように、細菌培養用のペトリ皿の中でさまざまな異株が培養されている現代にあっては、孤立したたった一つの潜望鏡であっても、この状況に一石投じることができるのです。

I 時間バンカー

1　考古学

戦争空間□バンカー□フォンクシオン・オブリック／トポロジー□踊る階段□スローモーションの行き詰まり□身体の抵抗□歩く都市□時空に入る

—聞き手　ロトランジェ　一九六六年の『建築原理』[5]を読むと、あなたはすでにこの時点で、何か重大な状況がこの世界で生じていることに鋭敏に気づいていたように思います。そしてその非常事態に立ち向かうために、あなたは建築を選びました。『建築原理』にはこう書かれています。「私たちはある出来事の出発点にいる。それは歴史上いかなる先例もない出来事だ。私たちはすでに数多くの変化を社会の中で目撃してきた。しかし人類そのものに関わる変異についてはこれまで経験したことがなかった。私たちは今、この変異の危機に直面しているのだ」と。

（5）Paul Virilio/Claude Parent, *Architecture Principe*: 1966 and 1996, trans. George Collins [Paris: Les Éditions de l'Imprimeur, 1996].

ヴィリリオ　その危機は、実際に確証されたと思います…。

—あなたはその本で、空間に対する私たちの意識を即座に変えてしまう、目も眩むような突然変異がすでに起こり始めていることを告げていました。それはあなたがそのあと展開する、瞬時双方向活動《インタラクティビティ》の広がりによって地球時間《グローバルタイム》が生まれるという考え方の胚種であったといえますね…。

その通りです。ただし、そのときそういったことを言いましたが、当時の私は相変わらず空間主義者でした。たしかに、私たちと世界空間との関係は基準座標を失っていると考えていましたし、私たちはすでにグローバル状態に到達したと考えていました。しかしそれは単なる地理上の、幾何学上の現象としてしか捉えていませんでした。ですからそれは、「斜め空間機能《フォンクシオン・オブリック》」であり、位相空間《トポロジー》でありーーフォンクシオン・オブリックの背後にはトポロジーがありますからねーー、地政学だったのです。掩蔽壕《バンカー》についてて書いていた当時、すでに軍事空間について研究していました。それらを並行してやっていたのです。本当です。しかしそれらはすべて空間的なものでした。それらは次元を一つ欠いていたのです。そう、時間という次元が欠けていたのです。

ーしばらくは空間の話を続けましょう。あなたがちょうど今ほのめかした「フォンクシオン・オブリック」ですが、それは当時まったく聞いたこともない建築コンセプトでした。なぜなら、それは傾いた平面を基礎にしたもので、もはや垂直面に依存したものではなかったからです。どういう点でフォンクシオン・オブリックはトポロジー・システムだというのですか?

それが意味しているのは、もはや内側と外側はなく、ただ上と下があるだけだということです。トポロジー・システム、すなわち「フォンクシオン・オブリック」では、一本の直線の動きで描出される線織面〔直交面〕を使うのではなく、環境に合わせたさまざまな面を使うようになったのです。それは大きな革命でした。直交建築は始めから、球体、角錐、平行六面体、立方体といった一本の直線で描出される面や立体に依存してきました。そういった「面」は、アリストテレス的な論理に従って引かれたものです。そうして作られた線織面はユーグリッド幾何学になりますが、ポスト・ユーグリッド空間*では、面は人に合わせて作られることは言うまでもありません。

*平面を前提として成り立つユーグリッド幾何学が作る空間を、ユーグリッド空間という。しかし現実の生活空間はさまざまな歪曲面を含む非ユークリッド幾何学で定義される空間であり、さらに実際に人間が動くことで作られる空間は、動きに伴って変形する空間となる。そういった現実の生活空間をポスト・ユーグリッド空間という言葉で表現している。

戦争空間

―地理から地政学へどのように移っていったのですか？　そもそもなぜ掩蔽壕《バンカー》と軍事空間に興味を抱いたのですか？

それは私と戦争との関わりからです。戦争は私の出発点でした。私は自由を発見したとき、バンカーを発見したのです。第二次大戦のあいだ、私はナントにいました。私はフランス西部ロワール川河口の港湾都市サン・ナゼールの孤立地帯が連合軍の手に陥ちたあと、海まで続く軌道の上を走る「ミシュリン」というゴムタイヤを装着した小さな車に乗って、初めて大西洋岸のラ・ボール・エスクブラックに泳ぎに行ったのです。そこで私は人けのない砂浜と初めて目にする小要塞《トーチカ》とを同時に発見したのです。こういった開放型建造物を私はそれまで見たことがありませんでした。トーチカは虚空に向き合い、沿岸で行われた総力戦を伝えていました。空中で展開される総力戦については、すでに集中戦略爆撃を通して経験していました。そのときまで私の戦争空間は夜間警報であり、また夜中に行われる拘束でした。私は建築をやろうと考えるよりも遙か以前から、戦争空間に興味を抱くようになっていたのです。バンカーの発見は、閉所恐怖症の子どもであった自分の発見と重なるものでした。私は気管支喘息も患っているのですが、バンカーは息苦しさや窒息状態のメタファーのようなものでした。私はそれを恐れると同時にそれに惹きつけられたのです。

―それはまたバンカーの持つ表現主義的な側面ですね。コンクリートの塊の中での恐れ、恐怖、息苦しさ…。エドガー・アラン・ポー〔一八〇九－四九〕の作品のような…。

ええ、そう言うこともできますね。しかしバンカーは自由意志による表現主義ではなかったのです。兵器との関係からそういった形になったのです。想像を少々巡らしてください。バンカーの一番薄いコンクリート壁部分で厚さは一五〇センチあります。海面下の基礎は六メートルもの厚さがあるのです。本当に驚くような場所がこの世にあるとすれば、それはバンカーですよ。恐怖をもたらすのはコンクリートの厚さそのものではなく、当時使われた兵器の破壊力です。まさにそのコンクリートの厚みは、標的の深部に突入し爆発する超大型爆弾トールボーイズ(6)のような現代兵器の致死力を表現しているものなのです。

(6)トールボーイズはバンカー爆破のために設計された特化爆弾。

——あなたがバンカーに惹きつけられたのは、その異様な恐ろしさのためですね。

バンカーは非常に巨大で、ずっしりした重量感があり、恐ろしいものです。別の言い方をすれば、ぞっとさせると同時に強く心を惹きつけるものがあるのです。わかりにくい言い方ですみません。でも私はゴヤ〔一七四六－一八二八〕とアントナン・アルトーが好きなのです。彼らの作品と同じように、バンカーは二〇世紀が持つ破壊力の陰画になっているのです。そういった意味で、私にとってバンカーは、アウシュヴィッツや広島と同じように現代の象徴です。バンカーは抑留者を餓死させるかもしれない場所であり、また同時にあなたに死をもたらすかもしれない場所なのです。私がこう言葉にするとき、頭にあるのはシャルル・ド・ゴール〔一八九〇－一九七〇〕の兄ザヴィエルの孫娘ジュヌヴィエーブ・ド・ゴールのことです。ナチスドイツは彼女をラーベンスブリュック女子強制収容所に抑留しました。しかし、あえてガス室送りにはせず、バンカーに閉じこめ、餓えと脱水症状によって殺そうとしたのです。まさしくバンカーは、強制収容と殺戮が行われた二〇世紀を象徴するものです。私の記憶に刻まれた戦争の象徴を挙げれば、それは**防空壕**の内部に塗られた塗料です。電気を使わずに済むように——爆撃のあいだ、たいてい停電することはご存じですよね——防空壕の壁に蛍光塗料が塗られていました。始めのうちは何百人もの人々が群れをなしてそこに行きましたが、結局は行くのをやめるようになります。それより路上で死ぬことの方がましだと思ったからです。どうしてそんなことをと思うでしょうね？満員電車のような防空壕の中でひしめき合いながら生きていたのですが、ときどき爆弾が落ちてきて送風機が止まりました。そしてしばしば呼吸困難に陥っていたのです。まさしく防空壕で光っている燐光は、ダンテ〔一二六五－一三二一〕の『神曲』「地獄篇」のイメージを想起させるものだったのです。私にとってバンカーはこういった総力戦の現実を象徴するものなのです。

—バンカーは軍事的な表象イメージだけではないのですね。同時に市民に対して行われている戦争の表象イメージともいえるのですね。ちょうど、戦争と平和の区別をもはやつけられなくなった世界大戦後の時代を予感させるものですね。

私の考えでは、バンカーは二〇世紀を代表する建築物の一つです。しかしバンカーと建築やル・コルビュジエ〔一八八七－一九六五、近代建築の三大巨匠の一人。機能性・合理性に基づくモダニズム建築の提唱者〕との関係についてはそれほど興味がありません。私はコルビュジエ信奉者ではありませんし、コルビュジエ的な文化を好きではありませんから。私が好きなのは絵を描くことです。

—ル・コルビュジエのキャリアをたどると数多くの美学的な転換点があります。彼の作品に表現主義的な要素を見い出すこともできるでしょう。たとえば生《なま》のコンクリートや素材を剝き出しのままにした一九五〇年代の作品「ジャウル邸」や、リヨン郊外のエヴーにある一九六〇年の作品「ラ・トゥレット修道院」といったような作品を見ると、そう思います。そういった作品もバンカーと何か関係があるのでしょうか？　またあなたがクロード・パランと一緒になさったプロジェクトのいくつか、たとえば六六年にバンカーに似せて作られたヌヴェール〔フランス中部ニエーヴル県の県庁所在地。五世紀にはキリスト教の司教座が置かれた〕の聖ベルナデット・デュ・バンレー礼拝堂

（一九六八）などについてですが、それらは「構造的なブルータリズム」*としてときどき言及されていますね。そういう意見にあなたは同意しますか？

＊ブルータリズムとは一九世紀後半から二〇世紀前半に隆盛したモダニスト建築を引き継ぎ、二〇世紀中頃に人気を得た建築様式。コンクリートを剝き出しにする、建物の素材をそのまま提示する、そしてシンプルなブロック構造で組み上げるといった特徴を持つ。その建築様式の構造と聖ベルナデット礼拝堂が似ているという文脈で使われている言葉。

ブルータリズムはイギリスから来たもので、スミッソン夫妻が生み出したものです。それはコンクリートとはまったく別物です。パリのポンピドゥー・センターのように、内部を外に出し、ビルの内臓をさらけ出す手法なのです。すべてのパイプを剝き出しにし、支柱や構造を誇示し、建物の骨格を露わにするのです。コンクリートはそれよりもっと表現主義的なものといえるでしょう。ともかくそれは私たちのものとは別の何かです。

――たしかにブルータリズムは、一九六一年にイギリスの若手建築家集団アーキグラム*としてスタートしたセドリック・プライス、ピーター・クック、そしてスミッソン夫妻らとより深いつながりがありますね。彼らは、あなたと違って進歩を信奉し、技術や産業の発展に熱狂していました。そして自分たちの仕事の中に進歩や技術の発展を積極的に取り入れていました。実際彼らは着脱可能な都市《プラグインシティ》や組み立て式ビルを喜んで受け入れていましたから。フランス人とは違って彼らは理論に長けてはいませんが、立案能力には秀でていますね…。

＊一九六〇年代に活躍したイギリスの前衛建築集団。技術を使って新しい現実を作り出す試みとして足の付いた巨大移動都市《ウォーキングシティ》や、着脱可能な空間《プラグインシティ》ユニットといったアイデアを提案する。技術の積極的利用により明るい未来が開けると考える点で、しばしば新未来派的《ネオフユチユリスティク》という形容がなされている。

アーキグラムは、フランスではポンピドゥー・センターにそのショーケースともいえる作品を見ることができます。それを建てたのは彼らではないにせよ、ボーブール地区にあるポンピドゥー・センターこそブルータリズムです。ともかく私が最初に、そして何よりも興味を抱いていたのは戦争という現象でした。

バンカー

――内部を剝き出しにするという点では建築も戦争も同じですね。

そうですね。実際にル・コルビュジエはバンカーとドイツ表現主義に触発されています。大戦後に、戦時中ドイツ占拠下に置かれていたラ・ロシェル〔パリ西部〕のラ・パリス地区の都市計画で委託を受けたのは、コルビュジエだったことを思い起こしてください。ラ・ロシェルの市街地は爆撃されませんでしたが、ラ・ロシェルの主要港であったラ・パリス地区は、ドイツが建造した小さな潜水艦基地があったため〔フランス側の連合軍によって〕爆撃されました。基地はまだ稼働していたからです。コルビュジエはそこで、コンクリート塊の表現主義に自分の表現手段を見い出したのです。同じくコルビュジエが手掛けた丸みを帯びたロンシャン〔フランス東部、フランシュ・コンテ地方の町〕の礼拝堂もバンカーに倣って作られています。そのことはパリ西部のポワシーの丘に一九三一年に設計建造した「サヴォワ邸」や、一九五〇年から六〇年代にかけてインド北西部のチャンディーガルに建造した国務省や国会議事堂といったそれ以前に手掛けた彼の作品と比べてみればわかるでしょう。六〇年に彼が建てたリヨン郊外にある「ラ・トゥレット修道院」は、何かしら潜水艦のような特徴をまとっているのです。ここで表現主義建築の代表作といわれているエーリヒ・メンデルゾーン〔一八八七－一九五三、ドイツ生まれのアメリカ人建築家〕が〔一九二一年に〕建てた「アインシュタイン塔」の話をしましょう。この塔はよくいわれることですが、動力学に即《ダイナミックな》した形をしています。視点を変えてみるなら、メンデルゾーンの作品の特徴をバンカーの中に見つけることもできるのです。「アインシュタイン塔」は表現主義と動力学から生まれているのですが、一方でバンカーもまた空気力学に即した形になっているのです。そこにバンカーとメンデルゾーンとの歴史的な類縁関係があるといえるのではないでしょうか。バンカーには爆弾の形をしたものがありますが、なぜかおわかりですか？　それは実物の爆弾が落ちたとき跳ね返って爆発せずに済むからです。バンカーの周辺全体が砂浜なので、跳ね返った爆弾は砂に埋もれてしまうのです。他のバンカーも丸みのある角度で作られていますが、その形は爆弾が表面を滑り落ちるように作られています。こういった流動性との関係に私は関心があります。バンカーは滑らかな小石のようなものですが、小石との違いは、バンカーの場合、爆弾が表面で止まらないようにツルツルに磨き込まれている点です。本来、バンカーは現代建築の歴史とはまったく関係はないのですが。

――あなたが建築史やユーグリッド空間の現状に疑問を抱くようになったのは、いく人かの人々がほのめかしているような形式への関心からではなく、建築の持つ兵站学的な側面を出発点としているのですね。あなたがクロード・パランと一緒にヌヴェールに建てた聖ベルナデット・デュ・バンレー礼拝堂は、むしろ形式主義への告発だったのですか？　それは明らかにバンカーから着想を得ていましたね。

当時ヌヴェールのミシェル・ヴィアル司教は、聖ベルナデット礼拝堂の建築のために設計作品公募《コンペ》を開きました。私にとってのヌヴェールとは、何よりもマルグリット・デュラス〔一九一四－九六、作家・映画作家〕の映画「ヒロシマ・モナムール」の舞台でした。ところで礼拝堂名の由来となるベルナデット・スビルーという少女は、一八五八年ルルド〔ピレネー山脈北麓の都市〕で聖母マリアが顕現するのを見てから、いくつかの奇跡の治癒を行いました。そのベルナデットが息を引き取り安置されているのがヌヴェールの修道院です。司教は彼女の死後一〇〇年を記念して、彼女のために礼拝堂を作ろうとしたのです。そして私はコンペに呼ばれました。私は設計図を引きました。まず古典的な様式の設計図から描き始めたのです。しかし私はプロの建築家ではありませんでした。今もそうですが。そこで真っ直ぐクロード・パランのところに行って、共同でコンペに参加しようと提案しました。パランの方はすでに建物を建てていました。彼はル・コルビュジエとともに仕事をしていましたし、アンドレ・ブロック〔一八九六－一九六六〕(7)とともに「空間グループ」にも参加していました。それから今ここであなたにお話しているような形のものを作り始めたのです。どうしてこんな形なのかと思うでしょうね？　それは、聖ベルナデット礼拝堂はいわば巡礼の聖地ルルドの洞窟と同じものだということなのです。マザビエル〔ピレネー山麓のスペインとの国境にある町〕にあるルルドの洞窟と同じものだということです。マサビエルは本当に聖地としては不釣り合いな場所です。薄汚い場所ですから。しばしば夜中に男たちが娼婦を買いに行っていたようなところです。しかし聖母マリアはそこに姿を現すのです。私の確信では、聖母マリアは危険の迫る場所に現れるのです。娼婦が増え、泥棒がはびこり始めることは危険の前兆です。

(7)「今日の建築」誌の創刊者。パランとともに参加していた「空間グループ」は建築と芸術を統合しようと努めていた。

—あなたはそのときすでにバンカーを研究していましたね。

ええ、私はいくつかの見取り図を作成し、すでにかなり多くの写真も持っていました。私は友人たちに会いにドイツのデュッセルドルフに行ったとき、**防空シェルター**、**高射砲塔**、**防空塔**などを写真に収めていたのです。デュッセルドルフでは、あいにく隣人のいく人かはまだ廃墟の中で暮らしており、**防空シェルター**が教会として使われていました。私は聖礼教会と呼ばれていたバンカーの中のミサに行きました。恐怖の場所、恐れに取り憑かれたバンカーがキリスト教会として使われているのを見て、とても強い関心を呼び起こされました。そしてフランスに戻ったとき、同じことが現実世界で起きていること、核の恐怖が始まってしまったことを実感したのです。ちょうど映画「アトミック・カフェ」*に描かれている時代の始まりでした。我も我もと核シェルターを作っていました。そのとき私は、ルルドの洞窟は今日では核シェルターなのだと確信しました。それは恐怖の場所です。世界の終わりという、とてつもなく大きな恐怖の場所なのです。こうして私はバンカーから引き出した着想を聖ベルナデット礼拝堂で形にしたのです。私は礼拝堂の形をハート型にしました。真ん中を切り裂かれ、二つに分かれ、壊れてしまった二つの心室を模したハート型です。ハート型の一方は聖餐の合唱隊席であり、もう一方は告解の合唱隊席です。そこで一方の人々はこう言うのです。「私は本当にろくでなしであることを認めます。**懺悔します**」。そして「私」が認めることを、もう一方の側に座る「私」も認めます。「私は素晴らしい。私は穢れがない」とは当然言いません。立場を変えて同じ言葉を語るのです。人は自分がろくでなしであることを自覚するや否や、お互いに愛し合うことができる。これがユダヤ・キリスト教のすべての根幹に置かれていることなのです。ともかく私の演出はこのようなものでした。もちろん、礼拝堂は無条件で巨大なものとなります。すべての人に畏怖の念を引き起こすようなものにしなければなりませんから。実はこのときのコンペには二つのプロジェクトが残っていました。そしてヴィアル司教に最終的な判断が委ねられていました。彼は私にこう言いました。「もう一つの検討対象であるプロジェクトは、可愛い天使たちがあしらわれた小さな礼拝堂ですが、あなたのプロジェクト、このコンクリートの大建築には強く心を打つものがあります。ですからこれに決めようと思います」。こうして私たちはコンペ受賞者となり、礼拝堂を建てる運びになったのです。もちろん、すぐに反対が巻き起こりました。地方紙の記者は「神の礼拝堂をバンカーのような姿で建てる権利は奴らにはない」と書き立てました。今ではあなたもご存じのように、このヌヴェールの聖ベルナデット礼拝堂は史跡〔二〇世紀歴史遺産〕になっていますが。

＊原水爆に関わる当時の報道とフィルムを編集した一九八二年アメリカ公開のドキュメント映画。核への狂騒がドキュメント・コラージュで綴られる。

フォンクシオン・オブリック／トポロジー

――それからその後、あなたは何をなさったのですか？

　その後私は位相空間《トポロジー》に基づく仕事をたくさんしました。斜めに傾いた形状を基礎とした仕事です。これまでの建築の発展は球体、円柱、立方体といった規範形態の枠内でなされてきましたが、その形や面は幾何学アカデミズムといえるようなものでした。もちろん建築にもさまざまな歴史がありましたが、幾何学的形式主義が残ったのです。大部分の建築家は自分自身をユークリッド幾何学の形体、すなわち直交座標系の中に押しとどめています。彼らは塔の天辺に尖塔を置きます。そうすればそれはゴシック様式になるといったように。だいたいそんな具合でした。しかし私がとくに関心を抱いたのはトポロジーに分け入ること、言い換えれば、床面も含めて正規表現から外れた曖昧な形を作り、非ユークリッド空間に分け入ることだったのです。

――当時、床を強調することは非常に新しい要素でしたね。それは垂直に伸びる形態、つまりニューヨークのような極端な垂直面を持つ都市の形態とはまったく対照的な視点に立つものでした。『建築原理』ではニューヨークを「第二の都市様式の頂点」と呼んでいますが、このときあなたはよりいっそう流動的で連続性のある第三の都市様式の可能性について考えていたわけですね。あなたの視点に立てば、「物理的動線《サーキュレーション》」と歩行者動線を結びつけ、移動空間を空ければ、住居に流動性を持たせることができるのですから…」。

傾いた床面上に住むといったアイデアや、床から出てくる家具といったアイデアはそこから生まれました。私はそれを**実生活の場**で研究したのです。テーブル、イス、ベッドといったものを傾いた場所から必要なときに引き出し、用事が済めばそれを元に戻しておくのです。家具を常設したいなら、そのままにしておくこともできます。床は家具であり建物であるというアイデアでした。それは可動的であると同時に固定的なものです。床は箱、家具、テレビなど、家のすべての生活を収容する平面です。テレビもあなたの足のあいだで観るモノです。その上を、ちょうどプールや水族館の水の上を歩くように歩くのです。いずれにしても地球上での実生活で明らかなのは、生活を収容しているのは大地《グランド》だということです。

―同時にグランドには傾きがありますね。

ボーブールにあるポンピドゥー・センターの傾いた床面は非常に極端です。ずっと傾いたままですから。面白いのは**波打っている**ということです。そして時折それを真っ直ぐに伸ばすのです。私たちは水平面にまったく反対というわけではありません（全面的に反対するのはまちがいです。水平面もグランドですから）。ただ私たちは水平面が永久不変であることを望んではいないのです。「斜め空間機能《フォンクシオン・オブリック》」において、構造物自体は可動式です。それはグランドだけがあるということを意味しています。構造物は至るところにありますから、表面はどんどん増え、同時にそれら表面同士のあいだでお互いにコミュニケーションができるのです。さらにそれらの傾いた表面は太陽エネルギーに本当に適しています。ご存じのように太陽エネルギーは斜めの角度で最適な力を発揮するからです。こういったアイデアに基づいて作ったひな型もありました。ちょっと飛行機のドアに似た形のものでした。

—あなたは当時飛行機の翼から着想を得ていたようですが、それはどうしてですか?

なぜならそこにはすべてがあるからです。翼の中を歩くことができますよ。航空機の翼内を中ほどまで歩いている人が実際にいますから。翼は、すべてを内包する構造物という私たちのアイデアそのものだったのです。

—あなたは空間での革命を追求しましたが、それは根づきませんでしたね。

その革命は建築家が望んでいなかった建築における革命だったのです。当時のフランス人はまだコルビュジエでしたから。それにフレデリック・キースラー〔一八九〇－一九六五。前衛芸術家と交流を持ち、劇場や作品展示場なども手がけ、魔法の建築家と呼ばれた〕の仕事を除けば、そういった革命的なものはそれほど見かけませんでしたからね。建築芸術家キースラーがエルサレムに作った死海写本収蔵用の「聖典殿」という建築物は、例外的にお椀のような形をしていました。

踊る階段

―ベルナール・チュミ〔一九四四―。空間、出来事、動きという要素を構成するシステムを考え、脱構築の建築を構想〕のような最近の建築家たちは、現在、傾いた床面を使っていますね。

チュミは私たちが「フォンクシオン・オブリック」をやっていた頃、パリの美術学校にいました。彼はそこからインスピレーションを引き出したのです。オランダ北部のフローニンゲンには二つの基軸に沿って傾いている「ガラス・ビデオ・ギャラリー」があります。これも彼の作品ですが、そういった建築物は今ではもうあらゆるところで目にします。現在の私たちは、まさしく建築における姿勢革命、舞踏革命と言っていいものを目撃しているのです。つまり、「階段」を除けば、それ以前には無かったものを目にしているのです。階段というのは建築における大革命でした。私はこれを、イタリア・ルネサンスの基礎を作った建築家パラディオ〔アンドレア・パラディオ。一五〇八―八〇〕の**奇跡**と呼びたい気がします。驚くべきは、この大革命によって階段から踊りを生み出す方法が見つけ出されことです。現在でもさまざまな角度から旋回が考えられています。建築家は「フォンクシオン・オブリック」を使って振付師になるのです。シャンボール城〔ロワール渓谷最大の古城〕へあなたが行くと、階段を上り下りして歩く時代の人になるでしょう。あなたは胸を張って歩くでしょう。あなたは立派な帽子と剣を身につけている自分を見るでしょう。そしてあなたはシラノ・ド・ベルジュラック*となるのです。それはとても素晴らしいことです。階段はあなたの身体をバレエの名手のように動かすのです。「フォンクシオン・オブリック」も同じです。二人の先達者がいました。もちろん私は彼らが大好きでした。まずフレデリック・キースラーと彼の「エンドレス・ハウス」**です。彼はよく劇場の仕事をしていました。「フォンクシオン・オブリック」の振付けは、劇場の舞台デザインに由来することを忘れないでください。偉大な建築家たちの目からすれば、建築はいつも舞台デザインと心が通じ合うものなのです。私も元々は劇場人でした。ですから有名なドイツの劇作家ハイナー・ミュラー（一九二九‐九五、ブレヒト（一八九八‐一九五六）の後継者。思想的な言語を練り上げ、言語の錬金術師と呼ばれた）と私は親交があったのです。まだ駆け出しの頃、私はサルトル（一九〇五‐八〇）の戯曲『蝿』（一九四三）の舞台デザインを手掛けました。またモンマルトルの劇場「テアトル・ドゥ・ポッシュ」では、ランボー（一八四三‐一九〇五）を脚色したニコラ・バタイユ（一九二六‐二〇〇八、演出家・俳優）による『地獄の一季節』（一八七三）の舞台デザインもやりました。『マクベス』もやりましたよ。そのときは舞台装飾やマスクを作ったりしてね…。こういったことから、フレデリック・キースラー、それにフランク・ロイド・ライト***は私の先達なのです。私はキースラーの「エンドレス・ハウス」、そしてライトの設計したグッゲンハイム美術館（ニューヨーク。一九五九年完成。最上階から螺旋状に降りてくることができる）には敬意を抱いています。

*一六一九‐五五、フランスの作家・自由思想家。一九世紀末にエドモン・ロスタン（一八六八‐一九一八）が彼をモデルに誇り高き騎士道精神を持つ人物として描いた戯曲『シラノ・ド・ベルジュラック』（一八九七）により名高い。SFの先駆となる『月世界旅行記』（刊行は一六五六）を著す。

**人間と自然の連続的な相互作用《コレアリスム》が住居空間であると考えるキースラーは、住居を人間の身体の延長《バイオモロフィック》として設計する。そして人間の行動空間の連続性《コネクティビティ》を重視し、コンクリートなどの単一素材を使い、継ぎ目のない曲線で構造物を作る。その設計思想に基づいて、一九四六年に宇宙をイメージする卵型の家「エンドレス・ハウス」を構想。そのアイデアをさまざまな形で発展させ、六〇年にはニューヨーク近代美術館（ＭＯＭＡ）で、展示会場の都合で設計図を縮小させた建造物や、実物大の壁写真・設計図・イメージ図などを「エンドレス・ハウス」として展示。「革新すぎて建造不能」と銘打ったテーマ展示の中心作品として公開された。彼の設計思想は現代では主流になっている。

＊＊＊一八六七－一九五九、世界の三大建築家に数えられるアメリカの建築家。近代建築では「住宅は住むための機械」と語るル・コルビュジエ的な機能主義が建築界の主流となる中で、非人間的な形態に反対し有機的《オーガニック》建築を提唱する。建築は外部の自然との調和を図り、人間の有機的な生活を反映させたものでなければならないと主張する。

―グランドはすべてを収容していると仰しゃいますが、すべてがそこから逃げ出し続けているという言い方もできるのではないでしょうか。斜めの床面はグランドを占有しようとはしませんから。さらにいえば、そういった点では環境設計を目指したコンスタント〔一九二〇－二〇〇五〕の「ニュー・バビロン」＊プロジェクト、ヨナ・フリードマン〔一九二三－〕の「空中都市」＊＊、イヴ・クライン〔一九二八－六二〕の「空気の建築」＊＊＊構想といった一九六〇年代のユートピア建築家の特徴とも重なります。それらの特徴は、杭の上に建物群があり、橋が生活の基準面になり、その下を交通網が往来するといった建築でした。自然といえるものは屋根の上空にあったのです。さらにグランドの下に構造物が置かれるものもありました。クラインの作品では建物素材となる空気気流を作る機械がグランドの下に置かれていていました…。

＊シチュアシオニストであったコンスタントは、すべての仕事がオートメ化されて放浪や創造的遊びが仕事に代わる活動になり、日常生活の実践がすべて創造的になる未来の世界都市を構想。その構想を提示する「ニュー・バビロン」プロジェクトは、一連の模型、構造物、ラフスケッチ、コラージュ、設計図、グラフィック、そして都市開発や社会関係の理論を表明したテキストから成り立ち、ときに鋼鉄、アルミニウム、アクリル樹脂などの素材を使ったいくつかの立体模型も作られた。

＊＊近代建築は「平均的人間」が想定され、それにあった規格が作り出された。しかし実際の居住者は多種多様である。そこで

フリードマンはさまざまな人々が暮らしやすいように住居を自由に変えることができる建築を考えた。そしてその実現のために三つの建築原理を考えた。それは、地面との接地は最低限度、家具などの装備は取り外し移動可能、住居空間は利用者個人にとって必要な形に変えることができる、という三つの原理だった。この原理を適用した空中都市も同時に構想する。現実の世界には広々とした空地が広がっているわけではない。使うことのできない土地、建物が建てられない土地、すでに建物が建てられている土地、そして農地…そういったさまざまな制約を持つ土地が形づくる都市において自由な空間を創出するために、柱をつなぐスパン技術による「空中都市」を考案する。

＊＊＊イブ・クラインは可視のものを不可視化し、不可視のものを可視化する創作活動を行った前衛芸術家。彼は物質素材を使わず、空気、火、水という要素だけで作る建築を構想する。地上をすべて平らにし、地下に気流を作り出す機械を設置し、その気流で都市を包み、空気屋根、空気ベッド、空気ソファー、空気ロケットなどを使った生活の場を作り出す。そして炎や噴水は冷暖房付きの壁として利用する、といった住居アイデアを「空気の建築」と呼び、たくさんのスケッチとして残した。

まったくあなたの言う通りです。実際に会ったこともある建築家なのですが、エドゥアール・ユチュジアン〔一九〇五－七五、アルメニア系フランス人建築家。三〇年代に地下都市計画というコンセプトを提案〕は、地球の表面を一掃し、核戦争から守ってくれるような地下都市を建設するというアイデアさえ持っていました。冷戦時代、恐怖が均衡状態に達し、全面事故が起きるという感覚が単なるエコロジカルなものではなくなったという事実を、私たちは忘れることはできないでしょう。現実の軍事面でも「地球の表面の一掃」が考えられていたのです。「アトミック・カフェ」という映画〔前掲〕がありました。またイギリスの監督ピーター・ワトキンズ〔一九三五－〕が作った「戦争ゲーム」（一九六五）という映画もありました。今ではあの時代の大きな枠組みが記憶から遠のこうとしていますが、当時は起きるかもしれない核戦争による破壊と汚染に、また軍事力の飽和状態に脅かされていた時代でした。自然を元の空間に戻し、私たちからいかなるものも奪い取らせないという欲求がありました。フリードマンやコンスタントや「フォンクシオン・オブリック」の人たちは上に向かい、ユチュジアンのような人々は下に向かって行ったのはそのためです。ですから、私がやったようなバンカーの研究も偶然ではなく、自分を葬り去ることを選ばなかったためだということを、誰もが理解できたのではないか思います。

—同時に、「フォンクシオン・オブリック」の背後には、すでに地球は収縮しているというアイデアがありました。だから私たちは空間を最大限利用しなければならなかった、ということにもなるわけですね。

非直交面なら、一〇〇回折り曲げることによって——ちょっと大げさですが——直交面と同じ表面積の素材でもその容量や容積を増やすことが可能です。「フォンクシオン・オブリック」には無駄な面がないということを認めてもらわなければなりません。非直交空間についてちょっとした例を挙げましょう。あなたの目の前に二〇本のタバコの詰まった長方形のパッケージがあるとします。そしてもう一つまったく同じ形状と容積を持つパッケージ素材が手元にあるとして、その面をばらして直交面のない空間を作れば、四〇本のタバコを収納することができるのです。同じように、直交からトポロジーへと移行することによって、リビングを仕切るための壁はなくなるのです。いかなる支柱も、いかなる新しい材料も加えることなく、同じ住居が三〇平方フィートから九〇平方フィートに増えるのです。なぜなら壁を傾斜させることによって、壁の上部はもう一つの床面となり、その裏面とともに利用可能なものに変わるからです。利用するときにはつねに反対面が死角になりますが、それは致し方ないことです。しかしそうすることで、もはや内側と外側の区別はなくなります。上部の面とその裏側のサブ面があるだけで、もはや壁はないのです。サブ面の利用は、フックで吊り下げ可能な収納物に限られますが、ともかくすべての上部面は〔机やイスなどの設置に〕利用できるのです。

スローモーションの行き詰まり

――それはよりエコロジカルな建築ですね。

そうです。エコロジカルです。なぜなら同じ素材の値段で、コストは角度付けだけにしかかからないのですから。もしあなたが直角を保ち続けるとすれば、そのときはいま話したような形の分離壁を利用することができず、壁の表面〔両面〕が持つ潜在的な機能を失うでしょう。絵を掛けることを除けば、直角の壁は役に立つ表面ではありません。しかしもしあなたが、〔傾いたもう一つの床面の上で〕分離壁の角度を利用可能な角度に設定できれば、その壁を役立つ表面として取り戻すことができるのです。つまり、分離壁を床として利用することもできるのです。建築の歴史はギリシャの柱やローマの神殿やゴチック様式の屋根といったものでした。建築の歴史にはまったく入っていません。しかし今では床面が建築の決定的な要素、これまで決してありえなかったような大きな要素になっているのです。

――建築においては水平面を最初に設定するのが普通ですが、水平面は唯一の基準面である必要はないということですね。

いくつかのケースでは、傾いた床も参照基準面となりうるのです。しかしすべての場合とはいえません。また、水平面はつねに存続するということも心に留めてください。それは否定できないものです。否定されるのは垂直面です。水平面はつねに存続するとともに、復元の限界を超えたところでは多様性を生み出します。ある角度を基準にしてもよいし、別の角度を基準にしてもよいわけです。それがグランドです。当時私は地形学に興味を持っていました。向斜〔褶曲（地層が地殻変動で波状に曲がる現象）の内側に向かって順次より新しい地層が存在する褶曲〕や背斜〔褶曲の内側に向かって順次より古い地層が存在する褶曲〕といった地形学に通じるもののすべてに興味がありました。当時私が読んでいたのはそういったものでした。今では死ぬほど退屈な本になってしまいましたがね。そのとき気づいたのです。地球の表面には平らな面なんて何一つなく、あるのは無数の傾いた面だということを。

――実際、垂直性は人工的な高さですね。

まったくその通り！　高さというのはバベルの塔なのです。私たちは高層建築というバベルの時代の考え〔天に達するほどの高塔を神のごとく築くことができるという傲慢な考え〕に逆戻りしているのです。バベルはとてつもない破局です。聖書の中にある二つの歴史的な大破局は全面的な事故を意味します。一つはバベル、もう一つは大洪水です。それらが大破局に結びついているのは偶然ではありません。

──ニューヨークはバベルですね。空に挑戦する…。

そう、ですから私たちはニューヨークを全面的に批判しているのです。ええ、まさにそうなのです。コルビュジエが言った次の言葉はとても美しいものです。「ニューヨークはスローモーションの破局だ」(8)──、これは美しい、本当に美しい言葉です。しかし私たちは塔《タワー》には無条件で反対します。塔は常軌を逸したものです。それが二〇〇メートルであっても二〇〇メートルであってもね。

(8)コルビュジエは実際にはニューヨークの摩天楼を愛していたこと、しかもそれが現状よりも高いものであることを望んでいた。ヴィリリオはそのことについて語っているのではない。

──あなたはニューヨークを**苦悩する巨人**と呼んでいました。その点、現状ではまだ、タワーはエコロジカルともいえますね。それはグランドを取り散らかしていませんから。

確かに。でも人間が翼を生やさないかぎり、そこにはコミュニケーションはありません。いつも私たちが仲間と会うときに利用しているここラ・クポール〔パリ一四区にある知識人・文化人が集まって議論をしていたカフェ・レストラン〕のテラスに、今日も私たちは座っていますが、ドアの目の前に見えるモンパルナス・タワーを考えてください。私の娘が若かった頃、バイト仕事が必要だったとき、いつもモンパルナス・タワーに行っていました。そこに行けば確実に仕事が見つかるからです。なぜなら必要以上に長くそこにいたいという人はいませんから。あそこは地獄ですよ。すべての塔は地獄です。地獄には火が付き物というわけではないのです。落下しなければならない場所、それが地獄なのですから。

―塔それ自身が高すぎるということですね。「フォンクシオン・オブリック」はもっとグランドに密着していますよね。

斜め空間を使った《オブリックな》建築には、基本となる身体との関係が、そして身体姿勢との関係が存在しています。当時私が言っていたのは、建築はこれまでずっと人間工学《エルゴノミクス》を取り扱ってきたということです。言い換えれば、ウィトルウィウス〔古代ローマの建築家。現存する唯一の古代建築書で、西洋建築学の基礎となっている『建築十書』を著す〕なんです。ウィトルウィウス的な人間、レオナルド・ダ・ヴィンチ〔一四五二－一五一九〕的な人間を取り扱ってきたのです。ついでにいうと、ダ・ヴィンチは今ではマンパワーの広告ですね。ル・コルビュジエの一番素晴らしい部分もエルゴノミクスに関わるものです…。

―正確にいうとエルゴノミクスとは何でしょうか?

エルゴノミクスというのは釣り合い《プロポーション》です。あらゆる距離を測ることができる可能性です…。

―人体との関係で…ですね。

たとえば家具の高さを決定するときのように、身体はプロポーションの参照基準です。「フォンクシオン・オブリック」でも、身体は依然としてエルゴノミクスの参照基準であり続けることができるのです。ただし、その参照基準となるものは、まず何よりも、ずっしりとした重さを持つものとなります。身体は重量を持っているのです。私たちは重力という最も重要なテーマの一つに立ち戻ることになります。身体が重量を持っているという事実は、建築上決定的な要素です。ところが今日まで、それは価値のない、ゼロで、空っぽのものでした。というのも、床板が肉体を支える十分な強度を備えていれば、重量は存在しないと考えてよかったからです。

身体の抵抗

—ある意味で、オブリックの機能は、重さをもう一度感じることができるようにするところにあるのですね。身体に重力や抵抗というものを戻してやることですね…。

そして、重力や重さによって動くようにすることです。ちょうど帆船が風によって動くように。ガリレオ・ガリレイ〔一五六四－一六四二〕が重力実験に使った傾斜面のようなものです。板を傾けるや否や、事物は転がり落ちていきます。そこであなたは空間との関係を変えるのです。重力との直交面、すなわちすべての建築史の中で使われてきた水平面では、ある動きをすることと、それとは別の動きをすることとのあいだに差異はありません。しかし傾いた面では、上ることと下りることとは根底的に違います。

斜めに上ることと斜めに下りることは**さらに**違います。そして横方向に歩くことも**また**違うのです。空間のあらゆる次元と方向が身体の変化となるわけです。

――身体への抵抗が存在し、その抵抗が私たちに身体の存在を気づかせてくれるのですね。

あなたは平然としていることはできず、苦労して動くようになります。オブリック建築は人間に対して無作用状態ではなくなり、不均衡をもたらし続けるからです。追求すべきモデルはダンサーです。傾いた平面は私たちを不均衡状態に置くのです。ですから私たちはいつも自分自身を再編成し続けるのです。なぜパラディオの階段部分がとても素晴らしいのでしょう？　それは身体の動きに適した場所だからです。どうして建築が衰退したと思いますか？　それはエスカレーターやエレベーターによって階段をなくし、平らな床だけが残されたため、すべてが平坦になっているからです。そこから「フォンクシオン・オブリック」の考え、すなわち斜め空間《オブリック》の面に、あるいはメビウスの紐〔細長い紙をひとひねりし、両端を結びつけてできる表と裏が連続している曲面〕に、そしてクラインの壺〔円筒の両端を逆向きにつなげてできる壺のような形の曲面。そこでの曲面も表と裏が連続している〕に取り組むという考えが生まれたのです。「フォンクシオン・オブリック」の仕事で私が一番気に入っているのは、たとえば上部が垂直になっていて下部が裾野のように広がっている円筒のような部分です。それらはまだ一九五〇年代のパリ郊外の縁日〔の見世物小屋〕で見ることができました――そこには木で作られた円形や楕円形のもの、そしてさまざまな床面があったのです。自転車競技場のカーブバンク〔コーナーの傾斜面〕みたいなものもありました。それは垂直な円筒形なのですが、バイクや自転車に乗った男がそこを真っ直ぐ上に上がって行き、そこをぐるぐる廻るのです。それは遠心分離器のように見えました。若かりし頃に見たそれを忘れることができません。空間に生きるということはダンスを踊ることなのです。ロープを使って垂直面でダンスを踊るダンサーがいます。それこそ建築の在るべき姿だと私には思えるのです。建築のモデルはニーチェ〔一八四四－一九〇〇〕のダンサー*ですよ。私がいつも称賛していたモデルは高速道路の「インターチェンジ」です。しかし、当時こういった傾斜面は自動車にしか使われていなかったのです。その建築モデルを使えば、グッゲンハイム美術館〔本書四〇頁参照〕のような美しい形の建物を造れるというのに、車に使うとは何と不幸なことだろうと、そのときよく言っていたものです。みんなグッゲンハイムを好きですよ。それは明らかでしょう。みんなはフレデリック・キースラーが設計した「エンドレス・ハウス」〔本書四〇頁参照〕の高速ランプのような建築物も好きですよね。なぜでしょう。それはまさしくダンサーだからです。私たちはこういう考え方で首尾一貫していました。私たちはコルビュジエ主義者ではなかったのです。

*ニーチェは、現実世界の生・苦悩に向き合うことのできない人々が作り出す夢の世界、救済の世界は理性や理想という形をとったルサンチマンにすぎず、それとは真逆に、正面から現実と向き合い、生と苦悩を引き受けることのできる超人になるべきだと考えた。その際、現実と向き合い現実を引き受ける場は「身体」となり、ダンサーとは、自己の「身体」活動を通して自在に現実を作り上げる存在であるとニーチェは考えた。ヴィリリオから見れば、こういった文脈にあるニーチェのダンサーは、合理性という名のもとで身体拘束に向かう近代建築に反対し、解放された身体を通じて自由空間を作り上げることを目指したオブリック建築の居住者と重なる。

──「フォンクシオン・オブリック」のグループ綱領の中で、あなたとパランは自動車に反対していましたね。そして速度にも反対していました。速度は死んだ時間と考えていました。あなたはこう書いています。「私たちは速度に基づいたいかなる提案も受け入れない。そういった考えを拒否する。私たちの空間の探検は、速度の概念をぶち壊し、速度の概念を古めかしいものにするだろう。最近の集積都市では、もはや速度を基本要素とは考えていない。もはや速度は存在しないのだ。その結果、空気力学は滅びようとしている」と。そのときに戻って考えるとしたら、当時あなたは本当に速度に抵抗できると考えていたのですか?

あのときの言葉は自動車が持つ移動性に対する批判でした。その批判は家が車をモデルにして設計されていた時代にまで遡ります。コルビジエでさえ家のモデルは車だったのです。

歩く都市

──「車」対「公道」……。

そう公道。車というのは移動性《モビリティ》の一つの表現形態です。イギリスの建築家集団アーキグラムは、車の持つ移動性から着想を得て「歩く都市」*（移動街区）を構想するようになります。一方、私たちのグループは移動《モバイル》建築物ではなく、居住可能な動線《サーキュレーション》をいかに作るのかという真逆の発想をしたのです。当時、移動建築物──当時多くの人々が支持していたその移動建築物には一連の輸送手段も含まれています――に向かうか、それとも居住に適した動線に向かうかで衝突がありました。移動建築ではなく動線と考えた私たちは、こうしてひと回りしてトポロジー、振付け、そして身体へと立ち戻っていったのです。車の中では肉体は死んでいます。ですから私は批判し続けたのです。

＊まるで幼児玩具のＬＥＧＯのように、それぞれの街区の小ブロックが新たな組み合わせを作るために移動し、新たな街区を構成することによって自らが車で移動する代わりの機能を果たす巨大都市構想。

―チャンスを与えられていたとしたら、当時どのようなものを建てたと思いますか？

実験的な家を建てたでしょうね。建築で重要なのは住まうことです。とはいえ、私たちは大地《グランド》から離れることは絶対にできませんでした。だから得意先が生まれなかったのです。

―あなたが本〔『建築原理』〕の中で語っている「マリオッティの家」の場合はどうだったのですか？

マリオッティは私たちの仕事に建築契約をした人です。契約者はたいてい金持ちなのですが、その例に漏れず、彼も金持ちでした。彼はサン＝ノム＝ラ＝ブルテッシュでゴルフコースを買い取りました。パリからさほど遠くないとても景観のよい地所でした。そういった土地に、私たちが設計するような家を持つことは宣伝になる、彼はそれを熟知していました――実際、家についての取材を「パリ・マッチ」誌から受けました。私たちはまず彼の計画を本人に聞きました。そして、彼の希望が何平方メートルだったのかは正確には思い出せませんが、ともかく望みの面積の二倍ほどの大きさに設定して建築模型を作りました。その設計案が承諾されたので、私たちは測量に行き、どこに基礎を据えるか決めようとしていたときでした。彼の妻がプロジェクトに反対したのです。彼女は傾いた板の上で生活することに怖れを抱いたのです。そのときから、私たちは何も建てることができないことを悟りました。私たちは烙印を押されたのです。建築することを禁じられたのです。私たちはジョーカーだと思われたのです。聖ベルナデット礼拝堂のときもみんなの反対に遭いました。あの「神聖芸術ノート」誌でさえ反対したのです。ですから私たちにはもう仕事がありませんでした。

——「フォンクシオン・オブリック」以外のやり方で何か建てることはできなかったのですか?

オブリックの手法は本当に興味を抱いた唯一のものでした。直交面で作る建物でお金を稼ごうという気持ちはまったくありませんでした。

——しかし当時、あなたの仕事の大部分は建築研究でした。それを続けることはできなかったのですか?

もちろん、できれば「フォンクシオン・オブリック」を続けたいと思っていました。私たちが取り組んだ仕事に関するアンソロジーの再版〔『建築原理』一九九六〕に際して、すべてのテキストを繰り返し読み直しましたが、あらゆるものが今では実際に機能していることを知り驚きました。とはいえ私たちの「建築原理運動」そのものはそれほど長くは続きませんでした。一九六三年から六八年までの五年間というほんの一瞬です。しかし、あまりにも短命でありながら、「フォンクシオン・オブリック」は非常にうまく作られた理論でした。その理論はちょうどニュートラル状態のエンジンに喩えることができるほどのもので、あと少しだけ知性を加えれば、ギアが入り作動する状態だったのです。アメリカのグレッグ・リン〔一九六四－〕の作品、ベネズエラ生まれのマルコス・ノヴァク〔一九五七－〕の作品、あるいはオランダのラース・スパイブルック〔一九五九－〕の作品を通して、若い世代がコンピュータを使って「建築原理」を再発見したという事実にも驚かされました。私たちは手づくりで模型を作っていましたが、コンピュータを使えば簡単にその形を算出して作成できるのです。手を少し加えれば、今でもまだ「オブリック・フォンクシオン」を使うことができるのです。これは予言ではなく、ハッキリとした確信ですが、将来私たちはオブリックハウスを至るところで目にすることになるでしょう。*

＊近代建築を席巻していた機能主義や合理主義が作り出す箱型の建築物に対して、二一世紀の現代建築では、非線形的な手法による設計を使い、構造や覆いといった主要要素に、非ユーグリッド幾何学を使い歪みや不均衡を意図的に作り出す建築物が主流となっている。それはまさしくヴィリリオたちが考えた設計思想（フォンクシオン・オブリック）と同じ水脈にある。代表的な人物としては、二〇二〇年の東京オリンピック競技場のコンペの勝者で、柔らかい曲線を見事に使いこなしたイラク出身のイギリス人ザハ・ハディッド（一九五〇－二〇一六）を挙げることができる。

―傾いた平面に対する体の抵抗を、あなたは何度も実験しましたね。それも一種類だけの抵抗にとどまらず、あらゆる種類の抵抗を検証していました。

そうです、あらゆる種類の抵抗です。医者の観察下で私たち自身が実験台となって「振り子式揺動機」*の実験もやりました。傾斜はとてもうまく計算されていました。制約は一切なかったので、楽しい実験でした。

*振り子式に動く装置の上に乗り、さまざまな角度で揺れるときの生理的なデータを取り、記録されたデータから生活可能な角度を算出する装置。

――一九六八年に本格的な実験開始の準備が整ったところに、五月革命という「事件」が起きて…。

そうです。私たちはその実験をパリ近郊のナンテール大学で行うことになっていたのです。

時空に入る

――ナンテール、そこは五月革命のすべてが始まった場所ですね！　実験は別の意味で「不安定」になったわけですね。実験はどのような構成だったのですか。

私はいく人かの医者と知り合いでした。そこで彼らに、実際の状況下で実験をやる必要があるから、一カ月間私たちを構造物の中に閉じこめてくれと頼んだのです。もちろんその中での生活が行動に及ぼす影響をモニターするために、電極をつけて行われるはずだったのですが。

—まるで無重力実験のようですね…。

無重力、不均衡の実験であり、傾斜面の理解をさらに深めるための実験です。オブリックの利点は、自分が欲しいものを選べることです。それまでの直交面による構造物、あるいはコルビュジエ式の構造物だと、直角はいつも真っ直ぐ上に向かいます。「建築原理」はあらゆる方法で直交構造を打ち壊すことが基本になっていました。直角の圧政を受け入れることなどもはや問題外でした。トポロジーに入ること——「襞」に入ることと言い換えてもいいのですが、当時ジル・ドゥルーズ（一九二五−九五、フランスの哲学者）はまだバロックに関する『襞』（一九八八）と題された本を書く前でした——、私たちはそれに基づいて多くの仕事をしました。試行錯誤をしながら多くの選択をしましたが、それらはみな実験に基づいたものでした。私たちは木製の建築物を造り、その真上で生活しようとしていたのです…。

—あなたが先ほど仰しゃっていた縁日の見世物小屋のようですね。それは仮設の建築物だったのですか?

ええ、実験装置はその真っ只中に吊り下げられたのです。

—で、どんなものをモデルとして思い描いていたのですか?

サーカディアン・リズムです[9]。二四時間の日周周期と結びついた時間との関係ですね。「振り子式揺動機第一号」を作ったとき、心の中にイメージしていたのは、ミシェル・シフル〔一九三九－、フランスの科学者・地下探検家・冒険家〕と彼の「時間を超えた」生活法としての洞窟実験〔一九六二年七－八月〕です。シフルと彼の洞窟実験については覚えていますよね？

（9）サーカディアン・リズムとは、実際の二四時間の昼夜のリズムとは独立して一定のリズムを刻む、生物の体内リズム。

―フランス南部のおおよそ地下四五〇フィート〔約一三七メートル〕の暗がりで、外部世界とのつながりはラジオだけという生活を二カ月間にわたって続けた人ですね。その後も、核シェルターでの生活や模造の人工衛星の中での実験を彼は続けていました。それは当時大きな関心を呼び集めていました。『時間を超えて』（一九六三）[10]という自著の中で、彼は「人類は始め洞窟に身を隠していた。そしてこの進歩の世紀にあって、まるでそこに立ち戻っているかのようだ」と素っ気なく言っています。

（10）Michel Siffre, *Beyond Time*. New York: McGraw-Hill, 1964. [*Hors du temps*, Paris : Julliard, 1963].

シフルが明らかにしたかったのは、完全な密閉状態の中で、光や熱などを通して昼夜を区別する方法がないとき、人は全面的に時間基軸を失い、その結果およそ通常の人間ではありえないやり方で時間を経験するということです。そういった状態ですべての生命サイクルに影響を与えている体内気象時間や体内生理時間を経験するのです。まずシフルはリヨンの研究所で実験し、それからアメリカに行って時間の変化を実験しました。こういったリズムの先にどんな未来が待ち構えているのかを知ろうとしたのです。このことに関しては、アンリ・ルフェーブルがかなりあとになって『リズム分析の原理』（一九

九二、遺稿〔本書原注（16）〕というエッセイで書いていますが、すでにシフルはこれを先取りしていたのです。時空に入らなければ、非ユーグリッド幾何学建築を発展させることはできないのです。

――それで「振り子式揺動機第一号」ができたのですね？

シフルの実験に私たちは興味を持ちました。それは私たちがそのときまで考えていなかった時間についての研究だったからです。時間と空間の実験をするという考えはそこから生まれたのです。私たちはナンテールに閉じこもろうとしました。一九六八年の五月革命がちょうど爆発しようとしていたキャンパス近く、いく人かの都市設計の専門家たちとコンタクトを取っていた新デェファンス地区から程遠からぬ場所でした。私たちの閉じこもった小部屋には、それぞれが異なった傾きをした床を備えており、「フォンクシオン・オブリック」仕様の仕掛けがしてありました。ですからそれによってさまざまな傾斜システムを体験し、再均衡の限界を明らかにできるようになっていました。

――傾斜システムはいくぶん波状になっていたのですか？

ええ、私がシステムというとき、それは角度形成を意味しています。水平線との関係で作られる角度はすべて異なっていました。それらをテストするには、まずいくつかの傾斜角を作らねばならず、その中から一番上手く機能するように思える角度のものを選ぶのです。電極と医療管理装置を使いながらこういったすべての作業を進めました。そして一九六八年にはそこに閉じこもる予定でした。私たちの目標は、傾斜した床の上での生活を実体験し、行動の変化を検証することでした。時間との関係による行動変化ではなく、均衡バランスとの関係から起こる行動変化です。なぜそのような試みを選んだかといえば、重量のある物質とその動きの関係は重力と結びついていますが、そういった関係領域を探査する利用可能な実験施設はどこにもなかったからです。水中での重力の実験、あるいは遠心分離器で引き起こされる重力の実験――当時は宇宙旅行に多大な関心が寄せられていましたから――などであれば、すでに知られていたのですが。ですから私たちは傾斜を研究するための「遠心力」を作り出す決心をしたのです。どんな角度で？　そんなに沢山はありません。なぜなら私たちがある角度を超えてさらに上ろうとすれば、それは現実的な意味を失うからです。現実的な角度を超えない範囲で、ちょうどハンディキャップのある人々のために考案されたかのような傾斜が無数に作られました。こうして私たちはさまざまな傾斜システムを特定し、それらを「不安定化装置」の中で組み立てたのです。

――そういった傾斜は、転倒しない程度の抵抗力を生み出したのですね。

ええ、そしてそれからそれらの傾斜を身体で実体験することによって、より心地よい傾斜を特定することができました。

――そしてそういったものすべてを建築プログラムに組み入れるつもりで。

先にお話ししたように、私たちには「マリオッティの家」を建てる仕事も入っていました。傾斜システムの実験はその家の設計にとても役立ったと思います。「マリオッティの家」の場合は、簡単に三枚のボードで実験し、それぞれの上部に上って気分がよいかどうかを検討し設計図を作成しました。しかしそれをただ手渡すだけで済ますつもりはありませんでした。私たちは**その内部に**住まい、再均衡化システムを広げるか縮小するかについて実際に体験して考える必要があったのです。登山家ならそういった経験を熟知していますから、私たちは彼らとも連絡を取りました。登山家は普通とは違った状況の中で生活することに慣れています。たとえば崖の上で寝袋を吊って眠るといったように…。すべての準備が整いました。が、何も起こりませんでした。計画はそこでパッタリと途絶えたのですから。私の同僚は私とクロード・パランが世間で笑いものになるのではないかと少し不安に陥っていたようです。それが手に取るようにわかりました。私たち二人がシフル式の医学監視装置を実験室に持ち込み、ネズミのように閉じこもる実験をしようとしたことを、誰も信じていなかったからです。しかもシフルは私たちとはまったく畑違いのところで活動していたので、彼と私たちとの関係を理解できる人は誰一人いませんでした。当時シフルは生理学を、そして私たちは建築を相手にしていたのです。クロード・パランはこの実験に関わることにあまり乗り気ではありませんでした。彼は実験が中止になるとホッとしていました。私の方は、そのとき大変がっかりしたわけですが。私たちは極限状態を追求しようとしました。ちょうどその昔ロッキー山脈の広大な不毛地帯を徒歩で横断したフランス人のように、身体の極限状態を実験しようとしたのです。私はもちろん自傷行為に陥っていたわけではありません。身体を極限まで追いやる試みを追求していただけです。それは少々競技会に似たものでした。私たちの研究にはスポーツのような側面があったことは確かです。

―実験であり、スポーツであり、存在のあり方でもある。そういったことをすべて同時に…。

ええ、でも電極も忘れないでください。ともかく建築を行うには絶対に必要なものです。これによってさまざまな分析考査も行ったのですから。

―そういった種類の重力シミュレーションはどこにも存在しなかったのですか? 宇宙旅行に向けて行われているようなものは?

実際にはありませんでした。パリの南部にはいく人かの実験的な建築家がいました。彼らと仕事をするのは好きでした。でも彼らは私たちの計画を真面目に受け取りませんでした。建築を進める上で実験――釣り合い《プロポーション》とか明るさなどの――を行うというのはとても珍しいことですから。というのも、みんなが信頼を寄せる既成「知識」というものがありますし…。そういった既成知識は、直交面が作る建築であるかぎりうまく機能するとふつうは考えていましたからね。しかし実際にはそうではありません。たとえば天井の高さが心の不安を大いに掻き立てることもあるのです。当時私はマルセル・リヴィエール研究所の心理学者シヴァドン博士（一九〇七－九二）に会いに行ったことがあります。パリの建築専門校（ESA。国立美術学校《ボザール》の古典的な建築教育を刷新する目的で作られた学校。近代建築を学ぶ学校としてはフランス最古〕で講演をして欲しいと招請しに行ったのです。眼を見張るような知性の持ち主でした。彼のことをご存じですか？

—ええ。一九四三年にパリ近郊のヴィル・エヴラール病院の精神科医長になった人ですね。ちょうどアントナン・アルトーがそこからロデズ〔フランス中南部〕のペレール精神病院に移った年です。シヴァドンの姉はナチスドイツのラーフェンスブリュック女子強制収容所に送られた人ですが、ヴィル・エヴラール病院はまるでその「死の強制収容所」を思わせるものだと彼はすぐに実感し、その改善に努めました。戦後フランスの精神分析の刷新に挑んだ数少ない一人でしたね。

そのシヴァドン博士は、「フォンクシオン・オブリック」にとても興味を持っていました。その日私たちは、彼や病院内にいた何人かの患者とともに一時を過ごしましたが、いく人かの患者は明らかにかなり危険な人たちでしたね。そこにはクッションが敷き詰められた部屋があり、何人かは文字通り壁をよじ上ったりしていました…。彼らには傾いた床など必要ないことは確かでした。その場に画家の女性患者がいましたが、昼食のとき、「私は食堂で食事をするのは耐えられない、なぜなら天井が高すぎるから」と言っていました。私は閉所恐怖症で彼女とは正反対の立場ですが、言っていることはとてもよく理解できました。私がいつもここラ・クポールのレストランに食べにくる理由は、ここは天井が高いからです。フランスでは当時、このお店のように誰でも自由に会える場所がありました。今では消え去ってしまった密度の高い交流の場があったのです。私が反精神医学運動のデビッド・クーパー〔一九三一一八六〕や、ドゥルーズを通じ精神科医のフェリックス・ガタリ〔一九三〇－九二〕に会ったのも、そういった場でした。その場でみんなに、ヴィル・エヴラール病院の話をし、自分の職業は建築家だと言っても、誰も変に思う人はいませんでした。ところが建築家たちはといえば、彼らは私たちが精神病院を訪れていたと言うと、とても信じられないといった風情でした。建築家たちはいまだル・コルビュジエの中にとどまっていたのです。ともかく今やすべてが過去の話です。今ではみんな小さな間仕切りの部屋に戻ってしまいましたから。

2　速度学

一九六八年五月□都市の革命□リズムの不整合□脱出速度□距離の縮小□速度の政治経済学□二つの空間□極の不動□規格化・共時化□時間圧縮□灰色のエコロジー□クリティカル空間□携帯自己《ポータブル・セルフ》□フィードバック構築□遠隔存在□人類からの脱出

――聞き手　ロトランジェ　一九六八年五月はすべてのものを揺り動かしましたね。あの出来事はフランス全土を揺り動かし、あなた方も振り子式揺動装置から離れました。今まで出てきた話で、あなたは空間から時間へと移行したと仰しゃっていますが、どのように移行したのかという話を伺っていません。もちろん移行期があればという話ですが、ともかくかなり突然の変化でした。いったい一九六八年五月は大きな要因だったのですか？　それともキッカケとなる偶発事件《アクシデント》だったのですか？

ヴィリリオ　それはよい質問ですね。またそれは歴史的な質問ともいえます。なぜかといえば、六八年の出来事に私は根本的な関わり方をしていたからです。そのことはあなたもご存じですよね？　六八年五月の歴史の中に記録されていますから。前衛芸術家のジャン＝ジャック・ルベル〔一九三六－〕、そしてリビング・シアターの創設者ジュリアン・ベック〔一九二五－八五〕やこの劇場の人たちとパリのオデオン劇場を占拠したとき、**私は歴史に足を踏み入れたのです**。もちろん歴史上の人物になったと言っているわけではありません。まったくそんなことではありません。私が言いたいのは、時間の中に入っていったということです。そのときまで、私は位相《トポロジー》空間や斜め《オブリック》空間に思いを巡らせ、直交性が作り出す空間を超えることだけを考えていたのです。言ってみれば今日ではコンピュータ技術のおかげで爆発的に広がっている非直交空間づくりにあらゆる形で取り組んでいました。たとえばカナダ出身の建築家フランク・オーウェン・ゲーリー〔一九二九－〕といった人々が現在やっているような複雑な空間を考えていたのです。私はそういったことに夢中でした。そしてそこに時間の問題は存在していなかったのです。時－空連続体を提唱する相対性理論を通して、時間に対して何かしら感じるものはありましたが、私たちの建築原理運動では、幾何学的な問題がずっと中心を占め続けていました。重要な問題は空間でした。とはいえ、実際には私たちは時－空間から速度－空間へと転換する境目にいたのです。そしてドカン！　私は突然自分が歴史の中に、時間の中に立っていることに気づいたのです。なぜなら六八年の出来事は時間・空間的な出来事ですからね。それらは出来事です。そしてそれらは出来事であり続けるでしょう。私がこういう言い回しで言いたいのは、ものごとはつねに変化し続けるということです。

——時間はすでに戦争の中に存在していましたね。

ええ、速度にまつわる私の仕事は、戦争、ドイツの**電撃戦**、速度の政治的重要性、速度と政治、などを考えることが出発点であったと同時に、空間の相対性を考えることからも始まっていたのです。時間を構成することなく、言い換えれば、時間と空間の利用という問題を提起することなく、空間を作り出すことはできないのだと。そのときから私は建築から離れていきました。建築家たちはあまりにも形式主義的であり、あまりにも時間をかけすぎてモノを作っています。そしてあまりにもお金を儲けすぎ、自分たちだけを特別扱いしています。

一九六八年五月

──六八年五月はフランスの建築家たちにとって強烈な一撃でした。職業上のヒエラルキー構造を爆破してしまったのですから。そのときまで建築界は、まだ職能組合《ギルド》のような中世以来の徒弟方式のもとで厳格に組織化されていました。建築学の専攻学生は学生とすら思われていませんでした。そういう彼らにとって、六八年五月は自由をもたらす以上の出来事だったことは疑いようもありません。その中のいく人かは遥か遠くまで行きましたね。ちょうどあなたのように…。

そうです。あの出来事はすべての人に衝撃を与えました。全世代があの出来事に影響を受けたのです。建築自身についていえば、それは終わったと言わせてください。戦後の復興再建は、当時はまだ完了していませんでした。まだいくつかの大規模な建築現場があったのです。とはいえ設計作品公募《コンペ》はありませんでした。若い建築家たちは会社のボスたちの奴隷でした。彼らにはチャンスがなかったのです。ですから私たちは費用のかさむ定期刊行物を出し、模型を作り出したのですが、ボスたちはそういう私たちを「ペーパー建築家」と呼んでいたのです。しかし私たちは当時数えきれないほど多くの人々と会っていました。イタリアの建築家パオロ・ソレリ〔一九一九-二〇一三〕、オーストラリアの戦後前衛運動を領導したワルター・ピヒラー〔一九三六-二〇一二〕、宇宙船地球号の概念を提唱したアメリカの建築家バックミンスター・フラー〔一八九五-一九八三〕といった人たちと会いました。イギリスのフォークストンでは前衛建築家集団アーキグラムの人々と会いました。隠されていた秘密が明らかになり、大きな希望が湧きました。パランと私は六八年五月を境に、別々の道をたどりました。彼は五月革命には反対で、私は賛成でした。彼は右に行き、私は左に向かったのです。私は労働者階級の地区で育ち、共産党の文化の中で育ちました。私は左翼です。六八年の運動は左翼運動でしたので、私は賛成でした。私自身は特定の主義者というわけではありません。実際、マルクス主義者でも毛沢東主義者でもなく、どちらかといえばアナーキストの立場に立っていました。両主義者と私の立場を分かつ二つの世界は肩を並べていましたが、お互いのことはよく知りませんでした。あの運動には赤旗と黒旗が共存していたのです。私はアナーキストの印である黒旗を掲げてデモ行進をしました。しかしあるとき、透明な旗を作り、無規範主義《アノミスト》者運動旗を掲げました。透明プラスチックの端材で作った「一匹狼運動」旗をね〔笑〕。あの運動の記録が出版されましたが、そこで私は無規範主義者運動宣言について熱弁を振るいました。透明の旗を考えたのは、黒という色の持つ過去が私を悩ませたからです。イタリアのファシストの色ですからね。あまりにも黒が多すぎました。いつも同じように多すぎました。

——あなたはまだいつも黒を着ていますね。それはアナーキストの黒ですか、司祭の黒ですか?

もし周りに他の旗がなければ、私は黒旗の側に行くと思います。アナーキスト・クリスチャンです。私はそのときから少しも変わっていないことをご存じでしょう？　お互い知り合ったのもそういった経緯を通してですから。そうでしょ、シルベール？　あらゆることを公衆の場で明らかにすべきだと考えていました。パリのオデオン座劇場がその場だったのです。私たちが劇場を占拠すると、あらゆる劇場関係者がそこにいました。映画「去年の夏マリエンバードで」（一九六一）で有名な女優のデルフィーヌ・セイリグといった人を含めたすべての俳優が私たちに合流しました。もちろんフランスのハプニング集団（マルセル・デュシャン（一八八七―一九六八）の友人ジャン゠ジャック・ルベルを中心としたアート・パフォーマンス集団）の人々やリビング・シアター（一九四七年にニューヨークでジュリアン・ベックとジュディス・マリナ（一九四八―八五）が立ち上げた前衛実験劇団）の人たちもいました――オデオン座劇場の管理を委ねられていたジャン・ルイ・バロー（一九一〇―九四、演出家・俳優）はアメリカからリビング・シアターの人々をオデオン座に招請したのですが、彼らがホールを占拠していた学生たちと同調したため、それを理由にのちにバローの劇団はオデオン座を追い出され、厳しい状況に追い込まれるといった事件も起きました。まるで偶然に劇場関係者と私たちが一緒になったように見えますが、実際はかなり理に適った形での合流でした。「斜め空間機能《フォンクシオン・オブリック》」における身体との関係は、ダンサーや俳優におけるそれとまったく同じものでした。机上のものではありません。私たちは六八年に必然的に彼らと合流したのです――そのときオブリックの活動は中断していたのですが、オデオン座で私の話を聴いた学生たちが、ラスパイユ通りにある自分たちの建築専門校（ＥＳＡ）で教えてくれと頼みにきました。自分たちのキャリアを積むために彼らが招請した二教授のうちの一人として招かれたのです。そこでは建築そのものはそれほど教えず、結局、理論を教育することになりました。

―もっとよいものがなかったので、理論に取り組むようになったと…。

結局、私は建築専門校に行きました。ですから、私は自分の今までの基盤から、言葉を変えれば地面から、切り離されてしまったのです。「フォンクシオン・オブリック」は、最新の要素である地面に最大限の価値を与えようとしたのですが、それはまだ脚光を浴びていませんでした。必然的にそのときから、研究という点では建築から離れていったのです。その後は教えることを除けば、もはや空間に関わる仕事には携わりませんでした。私は自分のルーツから離れてしまったのです。私は言論人となりました。そしてそれ以上に政治運動に巻き込まれていました。そのことはご存じでしょう。歴史的な大衆運動、六八年五月が起きたのですから。

―天使が舞い降りたかのように〔一瞬の沈黙〕…しかしそれは実際には大地震でした。場合によってはひどい結末を迎えた可能性もありました。

パリ警視総監のモーリス・グリモー〔一九一三―二〇〇九〕を覚えていますか？　学者であり、詩人でもある素晴らしい男です。若者たちがシチュアシオニストのスローガンを彼に投げかけながら行進していたとき、制圧行動を何一つ取らなかった経緯を彼は後年語っています。彼は『回想録』〔一九七七。原題『五月、君が好きなことをやりなさい』」で「六八年五月はヨーロッパで最後の最も文学的な革命だった」と書いています。それはロシア十月革命のような政治的なものでも、一七八九年のフランス革命でもなく、文学的な出来事だったというのです。私は全面的に彼の考えに賛成です。私はまさにその立場に立っていたのです。まあ、見方によっては、最終的に私が教育に携わるようになったことは幸せでした。それによって建築現場のセールスから遠ざかることができたのですから。パランについていえば、彼は結局原子炉を建設するのですが、そんなことをするなんてまったく賛成できませんでした。ですから私たちが本当に袂を分かったのはそのときです。

―自分自身の時間に深く関わることによって、あなたは時間と深く関わるようになったのですね。

それ以降、時間の概念や、その先にある加速度現象の概念、そして運動の概念について考えるようになるのは当然のことでした。そういったことはすでに居住可能な動線《サーキュレーション》を考えていたときから予示されていました。というのもトポロジーの大きなテーマは、動線を居住可能なものにすることにあったからです。これによって静止状態――この状態のもたらす安定性は垂直性、直交性、直角性を正当化することに大いに役立っていました――だけが居住可能という神話が崩れたのです。私は動力学を研究するようになり、同時に歴史的な動力学、言い換えれば都市を研究するようになりました。そして都市に関するさまざまな思索を巡らすようになり、建築に関わるテキストを書きました――再版された『建築原理』（一九九六）に収められた「今日の街区建築」がそれです。これは建築論ですが、当然の成り行きとしてアメリカの都市暴動*についても書いています。アメリカの暴動はある意味でシチュアシオニストが当時やっていたことと似通っていたのです。こうして私は決定的に都市の歴史に深い関わりを持つようになりました…。

＊人種差別への反発から、暴動は公民権運動の高まりを背景として一九六五年のワッツに始まり（ワッツはロサンジェルス市南隣の都市）、六六年サンフランシスコとクリーブランド（オハイオ州）、六七年デトロイトとニューアーク（ニュージャージー州）とクリーブランド、六八年にはワシントンとシカゴほかアメリカ全土に広まった。

都市の革命

──なぜあなたはアメリカの暴動に興味を抱いたのですか？

ワッツ暴動、デトロイト暴動、ニューアーク暴動は都市革命の始まりだという確信を私は抱いていました。次の戦争は都市の戦争になると考えていたのです。マイノリティ間の対立を考えていたわけではありません。都市は生きていけない場所になってしまった。そうあるべき場所、つまり社会的な交流が行われる場所とは真逆のものになってしまったと考えたのです。いやそれどころか都市の脱社会化が起きており、アメリカの暴動はそういった流れの中での都市革命の始まりだと思いました。都市革命という言葉は、アンリ・ルフェーブルが使っていたよりも遥か以前に、私も使っていた言葉です。都市革命は実際に進行していると考えていました。ただし、ルフェーブルとは違って、多民族的な次元で起きていると考えていました。最近のロサンジェルス暴動*を制圧したのは、湾岸戦争〔一九九一〕の帰還部隊と同じような軍隊でした。そういう軍隊が都市革命に対する治安維持にあたっているのです。いまフランス全土で起きていることも、同じような性質を帯びています。大都市郊外は市民戦争になる瀬戸際だと思います。国家の市民戦争ではなく、都市の市民戦争です。スペイン市民戦争〔一九三六－三九〕は時系列で展開しましたが、それとは違い、いわば「散在的な」市民戦争で、もはや時系列で時間軸に沿って展開するものではありません。これについては一九六六年に『建築原理』の中で言及した通りです。他の都市でも、他の生活の場でも抗議の声が巻き起こればいいのですが。私は『都市と革命』（一九七八）を書いたアナトール・コップ〔一九一五－九〇、積極的な政治活動をした建築家〕とともに仕事をした人間だということを思い起こしてください。

＊白人警官が黒人青年ロドニー・キングに加えた暴行に対して一九九二年四月二九日無罪評決がなされたことをきっかけに始まった大規模暴動。レーガン、ブッシュ（父）政権のもとで起きていた黒人の生活状態の悪化が背景にある。四〇〇〇人以上の陸軍および海兵隊が鎮圧のために投入された。

＊＊一九九〇年代にはパリ郊外をはじめフランス各地で、社会的排除の犠牲者（移民、若者）たちによる都市暴動が毎年起きていた。

──当時、都市を出るという考えも検討していましたね…。

ええ、人口過剰の場合には、都市を空にするというアイデアです。戦争状態とは無関係に都市を空にしてしまうことはふつうでは考えも及ばないアイデアですが…。

―カンボジアのプノンペンで実際に起きたことは*、それだけでもかなり不気味なことでした。都市居住者は大量虐殺されるか、田舎に放逐されるかして、都市全域が田んぼに置き換えられました。クメール・ルージュのリーダーたちは自国民を「戦争捕虜」と考えていたのです…。

＊一九七五年、カンプチア民族統一戦線クメール・ルージュのプノンペン制圧に始まる一連の市民弾圧。

ええ、「プノンペン&アンコール」［クメール・ルージュの陰の組織］という、別のカンボジアが生まれるところでした。実際、プノンペンはユートピア主義者たちの関心を鷲摑みにしました。それを素晴らしいと考えていた友人が当時は沢山いて、「とうとう始まったね」と言う者もいました。もちろん私ではありませんよ。私はそれを認めるようなゴリゴリのマルクス主義者ではありません。そういった意味では私はまったくマルクス主義者ではなかったのです。告白しますが、テレビで空っぽになったプノンペンを見たとき、戦慄が走りました。私は都市を捨てるという考えを進めていた一人だったことは確かですが…そこで展開された軍事次元の出来事は、私自身が展開していたエコロジー次元のものとはまったく異質で無関係のものでした。「フォンクシオン・オブリック」はエコロジカルなものでもあったのです。今まで語ってきたことからわかるように、それは地殻の褶曲構造をそのまま保持していく理論なのですから。当時は、まだ誰もエコロジーについてまともな話をしていませんでした。アメリカは別として、フランスではまともに取り上げられていなかったのです。それが話題になるのはやっと六八年の五月革命後のことです。その頃、初めて水圏、岩石圏、大気圏といった概念がフランスで取り上げられます。私もそういった概念に関わっていましたが、私の視点は何よりも空中からの視点でした。

—あなたが考えた都市は流れを合理化するもので、空っぽにすることを目指したものではありませんでした。『速度と政治』[11]の中で、あなたは動線《サーキュレーション》から都市を定義しています。都市の街路は交差路でしかないといったように…。

(11) Paul Virilio, *Speed and Politics*. Trans. Mark Polizzotti. New York: Semiotext(e) Foreign Agents, 1986. [*Vitesse et Politique*. Paris : Galilée, 1977].（『速度と政治——地政学から時政学へ』市田良彦、平凡社、一九八九／平凡社ライブラリー、二〇〇一）

ええそうです。都市はさまざまな速度を持っているのです。ちょうどクラッチの断続によるギアシフトのように。ですから私は都市、戦争、そして技術的進歩——戦争と技術はリンクしていると考えています——を徹底的に調べるようになったのです。まあそれを「進歩」といえるのかどうかは疑問ですが。そこから一九七六年の『領土の不安』[12]と一九七七年の『速度と政治』が生まれました。

(12) Paul Virilio, *L'Insécurité du territoire*. Paris: Stock, 1976; Paris: Galilée, 1993.

—そこで完全にあなたの視点は変ったのですね…。

ええ、完全に。完全にね。速度に取り組むようになってから、幾何学に再び取り組むことはありませんでした。遠隔位相《テレトポロジー》空間に言及することはあるにしても、それは光線や電磁波が作り出すトポロジーです。これまでもいくつかその例を挙げてきましたが、たとえばビルのビデオ監視のような場合です。それぞれの部屋にいながらビル全体を見ることができるというとき、それぞれの部屋の人は、トポロジーのレベルでいうとクラインの壺の状態にいるのです。直交座標で作られた建物の幾何学を考えれば、各部屋から建物全体が見られるというのは、内部空間と外部空間が同一空間にあることを意味し、それを私は「テレトポロジー的」と呼んでいるのです。これについては、以前に書いた『失われた次元』［『危機にある空間』叢書、一九八四］(13)で触れています。この本は二つの次元、すなわち国土開発や地域開発と結びつく幾何学の次元と、都市開発と結びつく時間の次元を結びつけた初めてのものでした。遠隔《テレ》カメラや遠隔操作《テレオペレーション》などができてしまったおかげで、領土が世界となり、すべてが世界＝都市になってしまったことを書いたものです。しかし歴史はその真っ只中で、六八年の五月革命という出来事を通り抜けたのです。

(13) Paul Virilio, *Lost Dimension*. Trans. Daniel Moshenberg. New York:Semiotext(e) Foreign Agents, 1991. [*L'Espace critique*. Paris: Christian Bourgois, 1984].

——五月革命があなたを遠隔行動《テレアクション》の世界に投げ入れたと…。

私がそれを選択したのではありません。一番考えられるのは、もし私がヌヴェールの聖ベルナデット礼拝堂や「マリオッティの家」のあと、そのまま仕事を続けていたとしたら、きっと私は遠い地《テレ・トポ・》の宿泊所《ロッジング》や「愛しい我が家」という空間的観念のみに、そしてオブリック住居という空間的概念のみにとどまっていたでしょう。

―傾いた床《ボード》は別の仕事へのスプリング・ボードになったわけですね…。

その後、実質的には何一つ建築については書いていません。ちょっとしたいくつかの記事や『失われた次元』で少しだけ触れてはいますが、それらは建築専門校と交わした研究契約の成果としてでした。建築は教育の方に向かっていました。

―建築についていえば、あなたはル・コルビュジエにまったく関心を持っていませんでしたね。誰か他に関心を寄せていた人はいましたか?

私はハンス・シャロウン*に興味がありました。彼はベルリン・フィルのコンサート・ホールの仕事をしましたが、それだけではなくベルリン西方のジーメンシュタットに本当に目を見張るような住宅を建てました。私はドイツに行きました。初めての旅行でしたが、彼に会うためでした。もし建築で指導を仰ごうとするなら―実際には、私はバンカーを通して回り道をしながら建築の世界に入ったので、師匠はいませんが――それはシャロウンだったでしょう。非常に生き生きとして風変わりな人でした。でも、すぐにそういったものとはすべて手を切りました。どうしてだと思いますか?　それは私がトポロジーの世界に入っていったからです。

＊一八九三－一九七二、ドイツ人建築家。一九六三年に設計したベルリン・フィルハーモニー・コンサート・ホールは、ホール中央にオーケストラを置くという斬新な設計。

リズムの不整合

—アンリ・ルフェーブルは都市という観点から建築と深く関わっていましたね。まさにあなたと同じように、彼は現実が危機に陥っていると考えていました。彼はあなたの著作に何らかの形で関心を持っていたのでしょうか？

いいえ。まったく反対というのが実際のところです。私たちが建築原理運動をやっていたとき、彼は私たちと全面的に対立していました。そしてためらうことなく私たちを笑いものにしていました。私たちの方では、多かれ少なかれ彼の『都市の革命』（一九七〇）[14]に敬服していました。というのも、私たちの専門領域に彼は果敢に入ってきたのですから。

（14）Henri Lefèbvre, *La Revolution urbaine*. Paris: Gallimard, 1970.

—彼の『日常生活批判』（一九四七、新序文一九五八）[15]はすでに時間の問題を取り上げていましたね。

（15）Henri Lefèbvre, *Critique of Everyday Life*. London: Verso, 1991. [*Chritique de la vie quotidienne I – Introduction*, Paris: Grasset, 1947. 2ed L'Arche 1958].（『序説日常生活批判』（I）田中仁彦・奥山秀美・松原雅典訳、現代思潮社、一九六八）

ええ。その上さらに、彼の死後出版された遺稿『リズム分析の原理』（一九九二）[16]によって、彼と私は同じ考えになっていました。それは小さな未完の作品ですが。

（16）Henri Lefèbvre, *Eléments de Rythmanalyse*. Paris: Syllepse-Périscope, 1992.

——なかでも彼の都市リズムの分析法はとても興味深いですね。リズムの複数性、協働性、相互作用性という関係から分析して、空間、それも内部空間だけでなく外部空間との関係からも都市のリズムを分析しています。そしてそれらの関係の先にあるものをさらに分析し、ポリリズム〔複数のリズムの絡み合い〕とアリズム〔不整リズム〕（内部崩壊や爆発）とのあいだで揺れ動いている状態を明らかにしています。**リズム分析**という言葉はガストン・バシュラール〔一八八四－一九六二。哲学者〕から借りたもので、バシュラール自身は「**持続**」と「リズム」に基づいた精緻な分析を行いました…。

ええ。しかしルフェーブルの場合は速度学《ドロモロジー》(17)の方へと移行しているところでした。律動学《リズムモロジー》について語ろうとすれば、必然的に速度の問題を導入することになるからです。ただ単なる生物学的リズムにとどまらず、社会的なリズムや加速といったものも導入しなければなりません。このことをルフェーブルは私の『失われた次元』を読んで理解したのです。

（17）速度学《ドロモロジー》とは、ギリシャ語でレースや速度を表すドロモスという言葉から作り出したヴィリリオの造語。速度やレースの論理が作り出す世界を対象とする学問。

——『建築原理』の中では、あなたはまだその次元を見い出していませんでしたね。

ええ、時間の概念が欠けていました。それは失敗だったと今でははっきりと気づいています。クロード・パランにこう言ったのを覚えています。ルフェーブルのこの本は、私たちが扱っていない次元のものを取り扱っているとね。

――ルフェーブルと最終的にはどのようにして理解し合うようになったのですか？

ある日彼から電話をもらいました。そして彼はこう言ったのです。「ルノディーの家で君と一緒に夕刻の一時を過ごしたいのだが、どうかね」と。ジャン・ルノディー〔一九二五－八一〕はフランスのとても優れた建築家です。彼の時代で素晴らしいといえる唯一の建築家でしょう…。彼と彼の奥さんルネ・ゲルステ〔一九二九－、建築家〕は、とても共産党に近い人でした。ルノディーはすでにそのときには故人でした。ですから、私はその夕べをルフェーブルとルノディーの息子とともに過ごしたのです。ルノディーの息子もまた建築家で、共産党のためにイブリ郊外〔パリの南端に接するイブリ＝シュル＝セーヌ。ゲシュタポ〔ナチスドイツの秘密警察〕によって七万五〇〇〇人が虐殺された地区といわれる〕に記念碑を建てています。すでにかなり高齢のルフェーブルとここで会ったのは、彼の死の数カ月前のことでした。人生の最後に差しかかったときの畏友ドゥルーズを思い起こすのと同じように、彼のことを思い出します。私たちは座っていました。ルフェーブルはこう切り出しました。「ああポール、君と私は言い争いをしていたね」と。それは本当です。私たちの関係はギクシャクしていて、彼は私の論敵の一人でした。まあよくありがちなことですが、一九六八年当時、私たちの建築原理グループはルフェーブルが属しているいわゆる「リベラル良識派」の人々とはまったく接触したことがなかったのです。ともかく、「ええ、私たちはいつも面と向かって議論することはしませんでしたね」と答えたものです。

―彼はどのようなことに異議を唱えていたのですか？

彼もまた、フォルマリスト主義〔近代のモダニズム建築に見られる形式機能主義〕的な仕事を私がしていると考えていました。私の仕事を実際には理解していませんでした。でもそういう風に見えるかもしれないことは認めなければならないでしょうね。彼はこう言いました。「私は君とまた会うことができて嬉しいよ。『失われた次元』を読んだからね」。その本はちょうど出版されたばかりでした。そしてこう続けて言いました。「私は本当にあの本が気に入った。君が何をやろうとしているのか、今はよくわかるよ。とても興味深いね」と。そのときは本当に「それはあなた自身が、あるとき、『空間の前に時間がある』と私たちに言ったからですよ」と言いたかったのです。ルフェーブルがこの言葉を語ったのはたしか一九六三年か六四年のことです。でも当時の私はまだ、「速度」についてまでは考えていませんでした。実際、ずっと気になっていた要素である「時間」の概念に手をつけ始めたところでした。ルフェーブルはさらに、「私もまた『リズム学』についての本をまとめているところなのだ」と付け加えました。彼のリズム学は、私の仕事をある程度使っていました。もちろん、私からインスピレーションを引き出す必要があったという意味ではありません。彼は速度学《ドロモロジー》を勉強してきたわけではないのですから。しかし彼自身、こう言っていました。「わかるだろ、ポール…」とね。彼の本は死後出版されました。

その本、『リズム分析の原理』については、今も十分な議論がなされていません。私は何度もその本を取り上げてきたのですが。なぜなら本当に重要な本なのですから。

脱出速度

―あなたにとって『リズム分析の原理』はどのような意味で重要なのですか？

この本は、私たちが速度学《ドロモロジー》の概念を通して導入していたものを、舞踏の振付けに喩えうる政治的知性を通して探究していたからです。リズム学の考えは、速度の政治経済学に属しているのです。私たちが速度について語るとき、それは身体について語っているのであり、乗り物について語っているのではありません。たとえジェット推進のものであれ、それが乗り物であるという意味では単なるスクーターと同じです。私は政治空間の中心にある事物対象としての身体に興味を持っているのです。大事なことは、政治的なリズムの中で作り上げられる速度と身体の関係です。そして都市は場であり、ギアボックスであり、いや、もっと正確にいえば、それは単なる富と資本の政治経済学(18)のギアボックスではなく、速度政治経済学のギアボックスであらねばならないのです。私が今あなたに言っていることは、明白な事実です。私はそれについて大げさに言っているわけではありません。異論の余地がない事実です。私たちはすでにその地点に到着しており、そこが目的地なのです。速度の政治経済学は絶対に必要なものになっています。それは単なる生態学《エコロジー》の問題ではありません。空間のエコロジーがあるように、時間のエコロジーもあるのです。自然における距離〔実物大〕の汚染という考えは、建築家の考えでもあります。人間工学《エルゴノミクス》に立ち戻りましょう。世界は人間の尺度を基盤にしているのです。人間の背丈が一メートル八〇ではなく、一八メートルであるとしましょう。地球はもはや住むことができないものになります。建築家はエルゴノミクス的な釣り合い《プロポーション》を、そして重量を持った塊を取り扱っているのです。こういったことを私たちはこれまで「フォンクシオン・オブリック」との関係で話していましたが、これは主要な政治的問題でもあるのです。建築学的な問題であるだけではなく、グローバル化の問題でもあるのです。

（18）Paul Virilio/Sylvère Lotringer, *Pure War. op. cit.*

——あなたはすでに『建築原理』でその問題に触れていましたね。

もちろんです。ただ、それについての話はしていましたが、私のアプローチは余りにも隠喩的すぎました。私は始めから私たちに欠けているのは時間の次元であることに気がついていました。しかしその先に進むことはありませんでした。なぜならまだ時間の中に入っていなかったからです。私は完全にトポロジーの中にとどまっていたのです。速度と振付けについては言及していましたが、時間はまだ扱っていませんでした。とはいえ実際には時空連続体の問題に強い関心を持っていました。軍事問題に対して批判的なアプローチを取り続けていたからです。ユーロ・ミサイル問題と核兵器搭載衛星*〔現実には存在していないが、技術的に可能になっている〕によって、時間の問題は軍事上の中心問題になりました。ユーロ・ミサイル問題によって、私たちは核戦争が自動的に行われるようになる地点に近づいていたのです。私はそれを「自動応答」と名づけました。まるでキューブリック監督〔一九二八―〕のアメリカ映画「博士の異常な愛情」（一九六四）**で描かれた異常状態です。

＊一九七〇年代、ソ連による中距離核ミサイルSS20の東ヨーロッパ配備に対して、それに対抗する米パーシングII〔ユーロミサイル〕の配備が計画・実施され、核への脅威が高まった。

＊＊偶発的に核戦争が勃発し人類滅亡に至るブラック・コメディー。アメリカ空軍司令官が精神異常をきたし、ソ連に核攻撃を司令したまま基地に立てこもる。ソ連側に連絡を取ると、ソ連側は敵の核攻撃を受けたとき、自動的に爆発して全生物を絶滅させる「皆殺し装置」を実戦配備していることを明かす。あらゆる爆発阻止のための行動はことごとく裏目に出て、結局アメリカの核爆弾は投下され、ソ連の「皆殺し装置」も自動的に作動し、映画は核爆発のシーンが繰り返し映し出されて終わる。

―もはや決断するための時間がないということですね。

東西両陣営のミサイルが敵のより近くに移動配備されたときの状況は、一九六二年のキューバ危機を思い起こさせるものでした。キューバ危機で最も危険だったのは、ソ連がミサイルを敵に向けてさらに接近させ〔キューバの配備〕、敵の反応時間を極端に縮減してしまったことです。大西洋を横断しなければならない長距離ミサイルであれば、カナダなどにある巨大レーダーで敵のミサイルの位置を正確に捕捉することができました。しかし東西双方が敵のより近くにミサイルを配備してしまったなら、もはやどちらも敵のミサイルを捕捉することなどできません。東ヨーロッパに配備されたソ連のSS20ミサイルは、キューバなどの遠方から飛来するものではないのです。こうして東西両陣営は、いかなる犠牲を払っても、たとえ核戦争の危険を冒してでも敵のミサイルを破壊しなければならない状態に陥っていたのです。七〇年代のＳＳ20ミサイルとユーロ・ミサイルの配備によって、核戦争の帰趨は数分を争う問題になってしまったのです。アンドレ・グリュックスマン〔一九三七－二〇一五、哲学者〕、イヴ・モンタン〔一九二一－一九九一、フランスの国民的歌手〕、そして多くのフランスの知識人たちが街頭デモに繰り出し、「死よりも赤を」と叫んだのはこういった状況下でした。

――抑止力というのは実際には神経ゲームを通して全住民をハイジャックすることです。これではいつ手に負えない状態になってもおかしくないというわけですね。

抑止力という事態は、私たちの生活を支配していた何ものかですが、誰もその実態を実際に分析してきませんでした。ゲーム理論による分析によって、ソ連とアメリカのあいだではその抑止ゲームが行われてはいましたが、非常に奇妙なことに、哲学的分析はなされたことがありません。一九八九年にベルリンの壁が崩れ落ちたとき、私はこう考えました。そうだ、もしいま書くべき本があるとすれば、そのタイトルは「抑止力」だなと。しかしそれを書くためにはドストエフスキー〔一八二一－一八八一〕のような作者が必要でしょう。『悪霊』（一八七二）を書いたように書く必要*がありますから。二〇世紀末までに私たちは一人残らず「抑止に捕らえられ」、それに対して私たちは誰一人、何一つできなくなるかもしれないと、私は本気で思っていました。私たちは技術の果てを経験し、こう言ってよければ十分ソフトな政治の果てを体験しました。ソフトと言ったのは、私たちのもとにはそれとは別の最果てがまだ控えていたからです。とはいえ、核抑止力体制の機能停止によって、私たちは「ソフト」な世界の終焉を経験し、もはや私自身それについて話すことさえできません。なんとなく奇妙な形で、抑止についての考えは消え去り、今では言葉だけしか残っていません。

＊『悪霊』は、さまざまな妄執に取り憑かれ翻弄される人々が作り出す現実を物語っている。同じように、さまざまな妄執が作り上げる「抑止」＝「悪霊」に憑かれた物語も書けるはずだとヴィリリオは考えている。

―抑止力体制の消失は冷戦体制のもう一つの帰結でした。冷戦は、それが及ぼす印象効果を除けば、決して存在しない戦争でした。

何かが消えたのです。私たちはそこにすっかり漬かっていたのですが、突然…

―無くなってしまった…。

完全消滅です。そこからは何一つ出てこなかったわけですから。しかし今、抑止力はあらゆるところにあります。現在の抑止力は、アルビオン高原〔フランス東南部〕やロッキー山脈の核ミサイル格納庫に埋められているだけでなく、至るところに埋められているのです。

―ある意味で、抑止力が人生そのものにすり替わってしまったということですね。

その通りです。リベラリズムのグローバル化は、政治的な抑止形態の一つです。

―グローバル化という今この瞬間、すべてのものがあまりにも速く進みすぎ、何一つ安定させることができません。冷戦時代に時間が非常に重大な要素になったとはいえ、まだ時間の瞬時性に依存してはいませんでした。時空一体の次元が切り開かれたのはグローバル化によってですね。

私たちは相対論的世界に入っていったのです。なかなか理解しがたいアインシュタイン〔一八七九－一九五五〕の理論公式のような世界に入っていったというのではなく、光の速度を通して、レザー光線を使って、私たちは瞬時性を体験し始めたのです。スター・ウォーズ〔宇宙空間を使った戦争〕がすぐそれに続くかもしれません。

―それは時間だけに限りませんね。その瞬時性によって空間自身も変貌し、それが地球規模へと広がりつつあります。あなたはそういった変貌の時期に「解放の感覚」について語りましたが、そのための脱出速度はまだ存在していません。[19] 外部〔宇宙〕空間世界への突撃と征服は始まったばかりですね。

(19) Paul Virilio, *Open Sky*. New York/London: Verso, 1997. [*La Vitesse de libération*. Paris: Galilée, 1995].

その通りです。でも当時私はそれに興味がありました。若い頃、ソ連が打ち上げた最初の人工衛星スプートニク〔一九五七〕を見ました。そのときすでに宇宙空間の征服は根本的な分岐点をなし、肉体の喪失を引き起こすことに気づいていました。私は考えました。私たちは地球を失うことはできないと。その考えは今も変わりません。

―あなたは忘れたくないのですね。「抱きしめるべき無骨な現実」〔ランボー『地獄の一季節』（一八七三）所収「アデュー」の一節〕を。

都市の第二の組織秩序、すなわち垂直性という組織秩序によって失ってしまった感覚を地球に戻す必要があったのです。都市のバベル化〔高層化〕によって地球が失ってしまった感覚というものを。ニューヨークがいい例ですが、バベル化は今日では上海、香港などにも広がっています。

―ニューヨークは離陸直前のロケットだと、あなたはいつも言っていましたね。

当時私が抱いていたヴィジョンは、空間的で空中的なものでした。都市は大地《グランド》から離れることによって完全に解放されると考え、都市を本来の特性を持ったものに戻そうとしたのです。斜めの平面は、大地《グランド》を占拠しないことを意図したものです。私の図面をちょっと見てください。私のヴィジョンは空中的でしょ。「ナウタシティ」*でも、ロケット・パック〔ジェットエンジンなどの推進機を背中につけて空中移動を可能にする装置〕を着けて飛び回る人たちがいました。ですから、都市生活が空中的な方に向かっているという考えが私の中にはあったのです。

＊宇宙開発をメインとしたフランス南西部トゥールーズにあるテーマパーク。二〇〇六年には子ども向け施設も開設。正式名はシテ・ド・レスパス（宇宙の街）。

―しかしニューヨークの場合、あなたは何かしら悪魔的なものをその高さに感じたのですね…。

そうです。私はニュー・エージ＊や「天国の門」＊＊になろうとするものには反対でした。私は地球〈に生きること〉の否定には反対でした。そしていまだにそれには反対です。私は空間を征服することは好きでしたが、地球を放棄したい人々や、人はお互いに必要であるということを否定する人々には反対でした。私の「天国の門」への関心はそこに尽きます。そういった考え方は常軌を逸しているとその後の著作で書きました。そう、私の考えでは、ニュー・エージと「天国の門」は結びついています。

＊一九七〇年代にアメリカ西海岸を中心に広まった自由な生き方や精神世界を模索する幅広い文化運動。
＊＊地球を去ることが唯一の救済の道と考えたアメリカの新興宗教グループ。一九九七年に信者三九人の集団自殺によって幕を閉じる。

―極限状況に押し込まれれば、ニュー・エージの人々は自殺衝動に駆られということですね。

重力脱出速度を超えて行け――それか今日的なブームです！　ロケットの話ではありません。しかし、まさしく現実の神話が大気圏外にあるのです。彼らがいま軌道に上げている無重力墓地＊を見てください。

*一九九七年にアメリカ民間会社のセレスティが二四人の遺灰を宇宙に散骨。現在、宇宙葬を行う会社が増加。

—ティモシー・リアリー*こそその一番最近の新入会員ですね。彼が地球の周りをグルグル回るのを、みんなも見ることができますよ。最新のLSDによる彼の幻覚体験**も同じように…。

*一九二〇-一九六、ハーバード大学の心理学教授を歴任。幻覚剤を使って意識の変容を研究。意識の自由を主張し、一九六〇年代のカウンターカルチャーに大きな影響を与えた。

**LSDは脳に直接働きかけて、意識の殻を破り、意識を拡張させる幻覚誘発剤。これによって新しい回路が脳に生まれ幻覚をもたらす。ティモシー・リアリーはその状態を省察し、ふだん自分たちが信奉している意識は画一的な価値観に基づいて大量生産されたフィクションにすぎないと考え、意識の解放を説くようになる。

空間を何かしら理想的のものとして捉えていますね。私は空間を理想化することにも反対です。「フォンクシオン・オブリック」は、最後の要素である地面《グランド》に最大の建築的価値を与えたものです。地面はそれまで一度も脚光を浴びたことがありませんでしたから。それまで地面というのはツバを吐きかけるところであり、おがくずを撒き散らす場所だったのです。私が思うところ、地面は女性的なもの(20)ではないでしょうか。

(20)クロード・パランは地面を女性の姿として描いていた。

—初めに大地《アース》が母であったとすれば、それに直交するものは直立（勃起）といえるでしょう。それは少々オイディプス的に思えますね…。

「フォンクシオン・オブリック」は直立を超えるものだと思います。トポロジーは、建築の歴史に新たに書き加えられた地面《グランド》によって生み出されたものです。それによって地面は突然全面に広がり、今やグランド〔地面〕と**サブグランド**〔二次地面〕があるだけです。すると内側と外側という区別はもはや意味のないものになります。それは「クラインの壺」です。実際、空間との関係は女性的なものとなり、流体力学的*なものとなり、これから私たちが大いに語り合うようなものになります。私が強い関心を持つ女性解放運動などともつながるものです。建築ではいつも女性的なものが取り上げられてきました。洞窟、それは子宮とか…〔洞窟という言葉自身がヴァギナの暗喩となっている〕。女性は人類最初の乗り物だと[21]書いたとき、私もそのことに触れました。

＊流体とは個体に対して使われている言葉。動きの中でさまざまに形を変える液体や気体のように柔軟に形を変える様子をこう表現している。

(21) Paul Virilio, "Métempsychose du passager," *Traverses* #8, May 1977(Centre Beaubourg).「誕生のときだけでなく、性関係においても、男性は女性の乗客です…。女性とは人間が自分自身を再生産するために、言い換えればこの世に出てくるために見つけた手段です。女性は種そのものであり、最初の輸送手段であり、一番初めの乗り物です」。

距離の縮小

―『建築原理』でクロード・パランはこう書いていました。「オブリックは、住居内部を全面的に動き回れるように変えることよって、ミニ・ゲットーとしかいえなかった古い部屋を変貌させるのです…。人間と動きのあいだに立ち塞がっていたすべてのものは消え去るのです」と。「フォンクシオン・オブリック」によって、胎内はもはや仕切られることなく、身体はあらゆるところに存在できるということですね。

おそらくそれは私がキリスト教徒であることと関係しています。間仕切りを取り去ることよって私たちは人間の身体に立ち戻るのです。私たちは受肉《インカネーション》〔神という永遠の霊魂が人間という肉の形と結びつくこと〕を発見するのです。私を改宗させたのは復活ではなく、受肉です。改宗させたのが受肉でなければそれは化け物です。ですから私は多くの人々と同じようにファシズムに反対するだけでなく、優生学にも反対なのです。それ以上に、人間の総遺伝子に行われる遺伝子交換にも反対しているのです。とても重要なのは、肉体が中心にあることです。さまざまな大災害はその通過儀礼です。タイタニック号の大災害〔一九一二〕は「魂」を発明しました。Save Our Souls（私たちの魂＝人を救え）、略してSOSです。遺伝子操作のような大災害がもたらされる今日、その言葉はSave Our Bodies（我らが肉体を救え）となるでしょう。それを英語でどう言うのでしょう…。

――〔笑〕ええ、それはSOBとなるでしょう…。英語でどんな意味かご存じですか？

いいえ。

――Son of a Bitch（くそったれ）という意味です。

まさか。からかっているのかい。〔膝を叩きながら〕おもしろいね。

―そして今、「私たちの地球を救え」と言わなければならないでしょうね。空間は今、時間のおかげで縮んでいます。そしてその時間は誰のものでもありません。世界はもはや世界的規模で元の姿を消しています。

私たちは監禁状態という事態に直面しているのです。ミシェル・フーコー〔一九二六－八四〕はアジール〔宗教的聖域＝避難所〕の廃止に伴い生じた一八世紀の大規模監禁について分析しました。大規模な封じ込めによる懲罰政治です。しかしベンサム〔一七四八－一八三二〕の**全展望監視施設**《パノプティコン》に見られるような大規模な封鎖監禁は、過去のものではありません。グローバル化によって、それと同じ監禁状態が私たちの行く末に待ち受けているのです。それを**灰色の**エコロジーと呼ぶことができるでしょう。物質のエコロジー、緑のエコロジーのほかに、空間距離のエコロジーがあるということです。地球上の距離の縮小、**隔たりの汚染**――こう私が呼ぶのも、それは自然の汚染ではなく、自然界における隔たりの汚染だからです――、それが地球を住みにくくしている。地球という惑星の広大な広がりにもかかわらず、人々は地球での閉所恐怖症に苦しむようになるのです。

私は高齢者割引カードによって三〇〇〇円ちょっとでラ・ロシェルとパリを往復できます〔ヴィリリオはこの対談のとき、パリから大西洋岸にある昔の要塞港ラ・ロシェルへ引っ越したばかりだった〕。でも近い将来、私は三〇〇円ちょっと、あるいは無料でモントリオールや東京へ行くことができるでしょう。さて、その次にはどうなるでしょう？　どのくらい遠くまで行けるのでしょう？　私がいつも言っているのは

「一体どこまで?」という言葉です。しかし「一体いつになったら」私たちは封鎖監禁という概念を理解するようになるのか? 世界に限界はない? とんでもない。世界はどんどん閉ざされ、圧縮されているのです。ある意味、いま例に挙げたこれらの場所は、すべて無いも同然です。このまま行けば監禁が大規模に行われるようになり、終末論的な様相を見せるでしょう。

―実際、もはや旅行しなくなるかもしれません。ホテルの一室に閉じこもったハワード・ヒューズ*だけにはとどまりません。多くの人々が「極の不動」状態**を経験するようになるでしょうね。(22)

*テキサス出身のハワード・ヒューズ(一九〇五―七六)は、一八歳で孤児となり、残された膨大な遺産を活用し飛行機会社、映画プロデュース、ホテル、カジノなど幅広く事業を広げ、成功を収め、自ら各地を駆けまわっていた。しかし飛行機事故の後遺症もあって、後年はホテルに閉じこもり、自ら動く代わりに電信機器を使って外部の人々とのやりとりをしていた。

**磁性のN極―S極がなくなるように、始点・終点、あるいは出発点・到着点といった極点が消滅する状態。

(22) Paul Virilio, *Polar Inertia*. London: Sage Publications, 2000. [*L'Inertie polaire*. Paris: Bourgois, 1990]. (『瞬間の君臨――リアルタイム世界の構造と人間社会の行方』土屋進訳、新評論、二〇〇三)

海辺を散歩すれば、映画「ザ・デイ・アフター」(一九八三年制作、ニコラス・メイヤー監督。核戦争が始まったのちの苦難を描いたアメリカのテレビ映画)の一場面と同じように、波が見えます。なかなか出来のいい映画です。ただし今日では、そこに映し出された最期の磯辺は、原子爆弾《アトミック・ボム》が作り出した景色ではなく、**速度爆弾《ドロミック・ボム》**が作り出す景色、言い換えれば世界の収縮が作り出す景色となるでしょう。**爆弾は爆発することなく、世界は内破する**からです。その日はそれほど遠くではありません。このまま行けば遠隔《テレ》コミュニケーションと超音速輸送によって世界がゼロになるまで縮小し、世界は人類の魂の中で内破するのです。人々は完全に罠にはまり、時間と速度のために生じる世界の小ささによって、完全な窒息状態に陥るでしょう。それは人口学とは関係なく起きる出来事です。人口学によれば、世界は膨大な人口を抱えることによって居住不能になると言うのですが、そういった地点に達する前に、世界は速度と「隔たりの汚染」によって私たちの住めない場所になるのです。

——そういったことを考えれば、私たちが生きていくかぎり、肉体に立ち戻ること、実物大に立ち戻ることは、明らかに緊急必要事項になりますね。

必要とされるのは、さまざまな感覚を対象とした「速度の政治経済学」でしょう。それは富の政治経済学、重農主義、一言でいえばフランソワ・ケネー[23]と深い関係があります。ケネーとは何者だったのでしょう。彼は医師で、肉体とその生理学や感覚に興味を抱いていました。しかし今そういった関心はすべて放棄されてしまったのではないかと思えるのです。現在語られている感覚とは仮想現実《バーチャルリアリティ》であり、カセットであり、ロボットです。しかし知覚を通した諸感覚、**政治的**な知覚、大衆の知覚——つまり個人だけに限らない知覚——、こういった知覚領域は完全に置き去りにされたままなのです。人間性を取り除き、スーパーマンで置き換えようとしているのです…。

(23)一六九四－一七七四、フランスの医者・経済学者〔『経済表』を出版し、土地所有者の富を農業に投資し生産力を高めるという重農主義を提唱〕。ディドロ、チュルゴー、ミラボー、デュポン・ド・ヌムールらとともに重農主義グループを代表する人物。

重商主義に反対し、自然を守ることを主張し、実際の富はお金にあるのではなく、自然の産物にあると考えた。ケネーは商品やサービスの流通を、人体の血液の循環と比較して考えていた。

――『建築原理』であなたは、「人間の変異がどんどん加速していかないよう、建築の作り出すリズムをスローダウンすることが絶対的にそして不可避的に必要なのだという意識を目覚めさせなければならない」と書いています。これは建築だけに当てはまることではありませんね。

それはブレーキの役割なのです。建築はブレーキです。しかも積極的な意味でのブレーキです。一〇年前、私はジュイ゠アン゠ジョザ〔パリ南西部郊外の町〕のカルチェ財団美術館で速度についての大きな展覧会を開きました。そのとき、まず始めにどんなイメージを使ったと思いますか？　ファラオです。なぜでしょう？　それについて私はドゥルーズとかなり話し合いました。ファラオとは何者でしょう？　胸の前で交叉した彼の両腕は、片方の手に鉤を持ち、もう片方の手に鞭を持っています。エジプト学者たちの話だと、鞭はハエを追い払う道具だそうです。あなたたちは冗談を言っているのでしょうと彼らに向かって言いました。一人乗りの二輪馬車を考えてみてください。手綱を引くために鉤があり、加速するために鞭があるのです。ファラオが持っていたのは行動を指揮する大神官が持っていた力です。鉤は知恵です。そしてそれはブレーキなのです。それは法王の鉤であり、司教の十字架です。そのとき、もう片方の手でハエ追い道具を持ちますか？　悪いけど、そんな風に考えたら気が違ってしまいますよ。もはや議論の余地なく鞭はチャウシェスク*です。**先導者**です。ただ今日では事情が違います。もう鞭を持っていません。私たちはベダルを使っていますからね。こういったことを通して、次のように考えることができるわけです。時は金なり、速度は力なりの現状からすると、今後は富を監視するようなやり方で速度を管理しなければ、また経済を時間の方へと押し広げて考えていかなければ、真に哲学的な政治は、つまり私がいう野蛮ではない政治哲学はどこにも生まれないということです。

＊一九一八－八九、ルーマニアの政治家。一九七四年、憲法改正により国家評議会に諮らず全面的に権力行使をできる体制を作り大統領に就任。専制政治により極端な工業化や誇大妄想的な大運河や宮殿建築に邁進し、国を窮乏化させ国民の不安を爆発させた。体制崩壊後処刑。

速度の政治経済学

──流動性は速度と同意語ではありませんね。それとは反対です。速度は抽象の方へと押しやりますが、流動性はいつも物質的であり、身体的であり続けます。あなたは本の中で次のように書いています。「こうして進化、技術、可動性、順応性といった高速化のコンセプトを建築に持ち込み、建築の空間リズムを人工的に加速にさせ、建築のゆったりとした動きを遮断しようとするいかなる試みも、私たちの時代には失敗する運命にあるのです…」と。

それは相変わらず真実です。私たちは速度に心を奪われていますが、まだ十分にこれを制御しきれていないのです。事故は必ず起こります。ですから速度学《ドロモロジー》とか速度専制主義《ドロモクラシー》と私が言うとき、ちょうどケネーが富の政治経済学を発明したように、速度の政治経済学を発明しようとしているのです。速度と富という二つの政治経済学は私の考えでは結びついています。私たちが速度体制革命や速度学的革命を行わないかぎり、全面的な地球規模の事故に向かうものと確信しています。そして確かなことは、住居は速度を低下させる一つの方法なのです。建物を表すフランス語は「イ・ムーブル」（im-meuble）と言いますが、それが意味しているのはまさに「不・動」ということです。また住居を表すフランス語は「ドゥムゥール」（demeure）と言いますが、それは「留まる」とか「滞在する」という意味です。これらの言葉は歴史に刻まれた減速装置を表しています。都市はその定住性によって、移動速度を緩める働きをしているのです。この事実を否定できる人はいないでしょう。私たちは速度政治を新たに発明し直さなければならないのです。その手段と場所は、必然的に都市となるでしょう。というのも、都市（**ポリス**）と政治（**ポリティクス**）は密接に関わっているからです。

―ゆったりとした速度は抵抗手段になりえますね。傾いた床面は動きをスローダウンさせますね。

私の考えでは、ゆったりとした速度はその他多くの速度の中の一つでしかありません。おわかりいただけますか？　決してゆったりした速度の話をしているわけではないのです。

―私は遅さが持つ強さについて話をしたのです。砂漠の遊牧民の歩き方はいつも極端にゆったりしていて、水中にいるようです。サハラの人々は、まるで王様や潜水夫のように動きます。それは素晴らしいものです。そしてそれは暑さのためだけではありません。私のトゥアレグ人の友人は、幼い頃、ニジェール川左岸のトンブクトゥ〔マリ中部の町〕で、もっとゆっくり歩くように言われたと話していました。彼らのゆったりとした動きの一挙手一投足は、想像しがたいほど優美ですよ。彼らにとって歩くことはダンスなのです。その一方で、ラクダの背に乗るときには、まるでトラのようにジャンプします。

そうそう、ダンスの振付けの最先端で古典バレエの脱構築を進めるウィリアム・フォーサイス(24)に興味を惹かれるのはそこのところです。速度は振付けです。時々驚くほど速くなり、時々本当にゆったりします。こういった時間と空間を構成する身体の動きを、私は振付けと呼んでいるのです。

(24) 一九四九－、ドレスデン・フランクフルト・バレエ団の芸術監督。ドイツ表現主義ダンスの創始者ルドルフ・フォン・ラバンとポーランド生まれのアメリカ人建築家ダニエル・リベスキンドの弟子。動きの統一性を打ち壊すさまざまな要素を取り入れ、複雑で難度の高い振付けによって前衛的な実験を試みるダンサー、振付師。

―それはお相撲さんのようですね。彫像のように静止し、それから…

それからバシーンとぶつかり合う。まるでトラのように。それが統御機能《ポリティクス》というものです。ダンスには身体を組織化する統御機能があります。ロボットや車のおかげで、そういった身体の統御機能を工業革命の過程で忘れてしまったのです。ヒョイと車であちらこちらに投げ出されてしまいますからね。

―身体は、オブリックと同じように、空間を時間の中に折りたたんでいくということですね。

ええ、そうです。動きの中で身体というものを考えたときから――つまり単なる幾何学的、遠近法的次元ではなく、振付け的な、空間の中での身のこなしの次元を考えたときから――、時間の問題が生じるのです。ダンスは劇と同じく時間の芸術なのです。

二つの空間

――将来の建築でもそういう空間になるのでしょうか?

ええ。ただし現在は二つの空間があるという点で違います。建築とダンスの話に絞って話してみましょう――まずそれについてハッキリさせておきましょう。かつては現実空間《リアルスペース》だけが存在していました。行為の空間が存在し、当然のことながら、それらを仮想化《バーチャル》した夢や絵画や音楽といった現実空間《リアルスペース》が存在していました。ところが今日では、遠隔行動《テレアクション》、遠隔性行為《テレセックス》、遠隔《テレ》外科手術、遠隔《テレ》嗅覚、遠隔《テレ》触覚、遠隔《テレ》視覚などが作り出す新たな仮想空間《バーチャルスペース》とその行動空間が、現実空間《リアルスペース》と隣り合わせで存在しているのです〔本書一二六～一二八頁参照〕。まだ機能していないのは遠隔《テレ》味覚ぐらいではないでしょうか。あらゆる感覚が距離の隔たりを超えて伝わります。その結果、今では歴史空間であった現実空間《リアルスペース》の並びに仮想空間《バーチャルスペース》が存在するようになり、しかもその二つの空間は相互依存しているのです。私たちの目の前にはステレオ空間があるということです。つまり臨場感や浮き彫り《リリーフ》効果を生み出す高音群‐低音群と同じような形で、現実空間《リアルスペース》‐仮想空間《バーチャルスペース》が私たちの眼前にあるのです。そして建築家は、ヴェルサイユ宮殿の鏡の間*の仕事をしなければならなかった建築家たちと同じように、二つの仕事を同時にしなければならないのです。ヴェルサイユの時代との違いは、現在では単なる表現を扱うのではなく、活動する場を扱うという点です。仮想空間《バーチャルスペース》での仮象《アバター》の存在は、半ば現実の存在なのです。しかし情報戦争の諸技術を見るだけでわかると思いますが、その仮象《アバター》を通して遠くから人を殺すこともできるのです。＊＊このようなステレオ現実を、言ってみれば新たな浮き彫り細工を私たちは扱わねばならず、一五世紀イタリア美術の遠近法空間ではもはや不十分な世界に私たちは向かっているのです。私たちに必要なのは古典的な遠近法を超える建築家であり、個人の能力と行為を生かす都市建築を考えたアルベルティ〔一四〇四－七二〕や、透視図法によって古典建築を脱構築したブルネレスキ〔一三七七－一四四六〕のような建築家です。

＊全長七四五メートルあるテラス形式の部屋で、外部と内部の空間を立体感のある空間にまとめている。
＊＊ドローン兵器を見ればわかるように、人間の意志の仮象《アバター》である遠隔《テレ》操縦ロボットによる殺人は現実に行われている。

―ところでパオロ・ディ・ドーノ（通称ウッチェロ）〔一三九七－一四七五、初期ルネサンスの画家。厳密な幾何学的遠近法と幻想的なゴシック様式の融合に努めた〕は、失われた次元の熱狂的な探索者で…。

…そう、彼がリアルタイムの奥行き（遠近法）を作ることに没頭していたのは、仮想空間《バーチャルスペース》を生み出すためでした。私たちは彼のように両方取り扱わなければならないのです。それがこれからの世界です。それは遠隔《テレ》都市の世界であり、メタ都市の世界であり、遠隔《テレ》政治の世界であり、遠隔《テレ》戦争の世界です。遠隔性行為《テレセックス》の世界ですよ。私たちの目の前に生殖空間という仮想空間《バーチャルスペース》があるのです。しかもそれはただ単なる快楽の空間にとどまりません。一体そういったことは何を意味しているのかおわかりですか？遠隔瞬時移送《テレポーテーション》はすでに存在し、クローンもすでに存在しているという事実です。遠隔行動《テレアクション》はすでにクローンを作り出しています。遠隔行動《テレアクション》とは距離を隔てて存在すること、それは分身という存在を作り出すことです。「存在する」とは、かつては**今ここに**ということでした。身体は**今ここに**あったのですが…

―もはや現在では、身体はいかなる痕跡も持っていない。

もはや痕跡はありません。ですから建築や政治などに影響を及ぼすような出来事がいま起きているのです。しかし私はいま建築から離れつつあるところです。いやそれ以上に、この対話がおそらく私の建築についての最後のものになると思います。なぜならフランスですべてのことを一からやり直しているからです。説明しましょう。一九六〇年代、クロード・パランとともに「フォンクシオン・オブリック」の仕事をしていたとき、誰も私のことを真面目に受け止めませんでした。それで仕方なく教職に就くことになりました。一年前、私は建築教育の現場をあとにしました。今お話した二つの空間について仕事を進めるためです。現実空間《リアルスペース》と仮想空間《バーチャルスペース》を同時に結びつける電脳空間《サイバースペース》について研究するためです。でも私の昔ながらの友達もこのことを理解しているようには思えません。彼らは「ヴィリリオがまた悪ふざけをしている」と言っていますから。

ですから私が建築界から身を引きつつあることを知るのは、あなたが最初ということです。建築については もう何も聞きたくありません。都市についてだったら話は違います。都市の話を続けましょう。

でも建築についてはもう終わりです。幕は閉じました。

―しかし、あなたはまだ住居に興味を持っていますね。

そう、それはその通り。フランスの建築家たちはさまざまな記念建造物や施設を建ててきました。しかし建築そのものの改革や変革が行われてきたのは住居なのです。私が建築専門校で学生に出した最後の課題は、「脱ハウス」です。日曜日はみんながくつろぐ居間で過ごし、それから寝室や風呂を経由して、月曜の部屋で目を覚まします。毎日移動することで、週の一日一日が独自の環境を提供するのです。トポロジーカル・ハウスとはそういった住居のことで、それは空間の中に時間の問題を提起するものです。そしてそれによって家の構造そのものに変化が起こるのです。

―住居と都市…あなたの仕事の二つの基軸ですね。

重要なのは都市です。というのも今日の政治は都市の中で行われているからです。都市は世界です。私たちはすでに**世界都市**《バーチャルスペース》にいるのです。それはローカル都市であり「グローバル都市」でもあります。ローカル都市は仮想空間や遠隔行動《テレアクション》やマーケットやウェブ・カメラなどのリンクによって作られた世界都市の一部分をなしています。ローマの市政官ナマティアヌス・ルティリウス〔五世紀初期のローマの詩人〕がカエサル〔前一〇〇－前四四〕を評して述べた「あなたは全世界を一つの都市にした」という所見を、私たちは実際に完成させました。超高速移送手段とテレコミュニケーションという通信制御技術を通して、私たちは現実の世界都市システムの中を生きているのです。もちろん、アフリカなどの広大な地域は手をつけられずに残っているとしても。都市設計家や市民が関心を寄せる政治的な何か、それがこの世界都市システムの中で繰り広げられているのです。私は今それに関心があります。なぜなら私たちは新たな植民時代に入っているからです。人間の歴史の中で、私たちは再び大移住を、それも付随的なものではなく、構造的な大移住を行う時代に入りつつあります。アフリカ、アジア、アメリカなどとは異なり、ヨーロッパは元々定住性を特徴とする大陸なのですが、ヨーロッパの近年の歴史を見れば次のようなことが理解できるはずです。一九世紀は都市と郊外が対立していました。そして私たちはまだその状態にありますが、この二一世紀には定住者と流浪民との対立も生じるでしょう。しかし注意して見てください。今日の定住者はもはや家に張りついている人ではありません。携帯電話によって、あるいは「ネットでつながる」ことによって、あらゆるところを家として植民生活をしているのです。その代表がスティーブ・マン〔一九六二―、カナダ人研究者。拡張現実、身体装着型コンピュータで名高い研究者。本書一三六―一三八頁参照〕です。

――それを聞いて『民衆防衛とエコロジー闘争』（一九七八）[25]の中で、あなたがパレスチナ人について語っていることを思い出しました。生活の地を追われたパレスチナ人たちは、政治的境界を国際空港の滑走路*にまで広げることによって「国家の非局在化」を体験し、そこから電波に植民することによって全世界に国境を広げたと書いていますね。一九七〇年代当時、パレスチナ人の悲劇は、そのまま未来に向かう手段＝道だとあなたは見立てていました。

しかしこうした植民の形は、今では特権的な住民が気ままに暮らす手段になっています。実際彼らはテレコミュニケーションによって国という枠組みを超え、至るところを自宅にしていますから。

(25) Paul Virilio, *Popular Defense and Ecological Struggles*, Trans. Mark Polizzotti. New York: Semiotext(e) Foreign Agents, 1990. [*Défense Populaire et luttes écologiques*. Paris:Galilée, 1978].（『民衆防衛とエコロジー闘争』河村一郎・澤里岳史訳、月曜社、二〇〇七）

*パレスチナ、ダマスカス、ベイルートと土地を追われ、政治的な領土を奪われ続けてきたパレスチナ人にとって、敵はどの国、どの人物かという問いはもはや意味を失い、敵は世界中に広がっていた。そこで、「国境を超える国際空港の滑走路」という象徴的な場所を占拠し「国境を超える非局所的な電波」を自分たちの最後の政治的領土とした。ヴィリリオはそれを、「新たな国境を全世界に広げること」と捉えた。

そういった新手の住民たちは、列車であれジェット機であれ、至るところを家にしている現代の「流浪の民」です。対してオンボロ車の中で生活していくしかないホームレスや移民の人たち、言い換えれば旧来の「流浪の民」は、どこにも家はありません。カンパをかき集めてガソリンをちょっと入れ他のどこかに行くとか、地下鉄構内で段ボール製の家に「定住」するぐらいしかできないのです。それが未来の姿です。社会的流動性は、もはや一時的な現象や失業と結びついた現象ではなく、不定期雇用契約や労働力の調整弁化を通して生まれた、定住化の場としての労働の危機と結びついた現象なのです。私たちは新しい流浪時代に入りつつある。これは単純な南から北へ、あるいは東から西への移民問題ではない世界的な居住現象です。しかもそれは一〇世紀前に私たちが体験した大転換*に比べることのできる現象であり、私たちはまだその端緒に着いたばかりです。

*四世紀に始まった民族の大移動は、九世紀から二〇〇年かけて北ゲルマン人の中部ヨーロッパへの大移動を引き起こし、それによって中世封建主義社会が生まれた。

極の不動

―今日、居住者は単なる流浪のオーナーにすぎないのですね。

しかし実際には流浪のオーナーは動かない磁極です。そういった人々は動きません。高速列車に乗って旅行するときも、ジェット機に乗って旅行をするときも動きません。彼らは絶対移動の中に住む住民であり、高速列車、超音速ジェット機、超高速艇、あるいは瞬時テレコミュニケーションといった超高速の速度世界の中に住んでいます。実際、瞬時テレコミュニケーションという超速を利用すれば、ウォール・ストリートや香港の株式市場で瞬時取引ができるのです。

―その一方で流浪の民は、財産を剝奪されている人たちなのですね。

今も昔も流浪の民は貧者です。私たちは「どこにも家のない人々」という種族に向かっているのです。

―それはあなたが文を書いている、ジャクリーヌ・サルモン〔一九四三―、フランスの写真家。哲学と芸術・建築史とを結ぶ一連の写真集を出版〕(26)の胸を突き刺すような写真集『仮住まいの部屋』〔二〇〇〇〕に出てくるような人たちですね。あの写真集はそういった移動の跡を記録しています。「プラットフォームのない待合室」という、居住できない交通動線の痕跡のドキュメントです…。

(26) Paul Virilio/ Jacqueline Salmon, *Chambres précaires*. Heidelberg: Kehrer Verlag, 2000.

よく知られる国際輸送の規制緩和は、大量の娯楽ツアーに向けた格安チケットを人々にもたらすだけではありません。それによって至るところから密航者、家出少年、難民《ボート・ピープル》、不法移民がやって来るようにもなるのです。私は、そういった彼らの側に立つことを選びました。パトリック・ジロス神父〔一九三九-二〇〇二。三〇年以上にわたりフランスの路上生活者や社会的弱者の保護活動を続けてきた神父〕とともに私はパリの北駅の近くに、駆け込みシェルターを開きました。

—私たちはマルクス〔一八一八-八三〕の絶対窮乏化論に立ち戻っていますね。違うところは、それが労働者階級に関わる理論ではなく、階級や場所を持たない人々に関わる理論となっている点です。というのも、今では労働者自身もオーナーになっているのですから。

そうです。それは機械によって、労働力としての人間が終ったということです。ただ、その先の事態をマルクスは予見できなかった。それは、もはや人間は必要とされず、人間はすべてのものごとの主人ではないという今日的なさらなる事態です。生産者としての人間の終わり、親としての人間の終わり——私たちは試験管ベイビー、精子ドナーといった技術工学に向かっています——、破壊者としての人間の終わり——もはや兵士は不要で、無人飛行機、巡航ミサイルなどをまるで犬をけしかけるように送り出していますーー、そういったことは人間性そのものの終焉です。クローンで高性能な男女を作り出そうという優生主義的な考えはこういう流れの中にあるのです。

—とすると、もはや人間はオーナー〔所有する者〕ではなく、所有されるモノなのですね…。

そして遺伝子導入技術によってあらゆる耐性を備えたスーパーマンが生み出されるでしょう。それによって遺伝子的に正しいもの、あるいは遺伝子的に誤ったものという考え方が生まれるでしょう。あなたや私は子宮から出たもの、精液の汚濁物とヴァギナの分泌物の汚濁物から生まれたもの、何とおぞましいことか。そういった視線を向けられながら、私たちは汚いものとされていくわけです。

—ファシズムの再来ですね…。

一方でそれ以外の人々は…

—…彼らは自分たちが純粋種属だと。

彼らはクリーンです。それが新しい優生主義なのです。しかし何が起こってもおかしくはありません。いずれにせよ刺激的な話です。

——そうすると、今日のこういったグローバル化の時代に、建築の問題はどのように提起されるべきでしょうか？

かつて国際的な建築術があったように、現在ではグローバル化時代の建築術があるのです。かつての大多数の建築術は、ミース・ヴァン・デル・ローエ*から着想を得たものか、ナチスドイツの興隆によってドイツを追われたバウハウス**の純粋形式主義者たちから着想を得たものか、どちらかでした。一方、グローバル化時代の建築術において、最も重要な基軸は**時間圧縮**です。一九五〇年代、六〇年代ぐらいの建築術の話題といえば、そのほとんどが空間についてでした。今はそれとは違い、私たちが語らなければならないのは時間についてです。時間圧縮とは技術用語であり、この言葉で明らかにしたいのはリアルタイムが力の決定要素であるという事実です。私たちに大きな影響を与えている大気圧に倣い、時間圧縮を「速度圧」と呼ぶこともあります。

＊一八八六―一九六九、近代建築の三大巨匠の一人。三七年までドイツで活躍し、ナチスに追われ渡米。「少ないことが豊かなこと」という標語で、機能主義的な近代建築のコンセプトを確立した。
＊＊ドイツのワイマールに一九一九年に創設された国立の総合造形学校。芸術と建築の統合を目指し、新しい工業素材を使い、時代の生活に呼応した新しい近代建築デザインの確立を目指した。ナチスの圧力で三三年に解放、アメリカに亡命した多くのスタッフによって三七年、シカゴにニュー・バウハウスが創設された。

規格化・共時化

——建築について語りながら、まず時間を優先するというのはパラドックスではないでしょうか？

ええそうですね。それに輪をかけて、一体化した時－空間という概念にいまだにたどり着けないために、時間圧縮という概念も、なかなか理解されずにいるのです。これは大問題です。二〇世紀にはプレハブ化による戦後復興によって、作り出される空間モジュールの規格化が進みました。* それに続く二一世紀においては、コミュニケーション時間の共時化《シンクロニゼーション》** は避けられないのです。**規格化**と**共時化**こそ現代建築の時空の二側面なのです。

*建築の効率化を図るため、工場で各部屋や各ユニット（空間モジュール）を制作し、それを現地で組み合わせる工法（プレハブ工法）が増えた。それに伴いモジュールごとの交換可能性を高めるための規格化も進んだ。

**「共時化《シンクロニゼーション》」とは「通時化《ディアクロニゼーション》」との対比で使われる語。ある出来事が、原因－結果という時間的秩序で決まることを通時化といい、時間的秩序を排除した空間で決まるようになることを共時化という。たとえば、母音の「あ」という音が意味を持つのは、「い」「う」「え」「お」でないから。つまり時間秩序（通時）とは関係のない、同時にその場に存在（共時）している「あ」以外の要素が意味を作り上げているからである。

――世界時間がローカル時間を支配するようになりましたね。

歴史、年代記、暦、カレンダーといったもので形づくられていた世界時間は、「リアルタイム」の世界時間によって圧倒され、制覇されてしまったのです。言い換えれば、即時性、遍在性、直接性の時間に支配されるようになったということです。自由貿易の世界はこうして生まれました。共時化に利するように、国境を飛び越え、さまざまな合意を飛び越えて、無制約で永続的な流れを作り出さねばならなくなったのです。思うに、私たちは世界貿易機関（ＷＴＯ）の意思を、そしてそれが宿す貿易自由化への半狂乱の意思を、まったく理解していないのではないでしょうか。その意思とは、工業化時代の規格化を引き継いで、今度は脱工業化時代における共時化の君臨へと分け入ろうとする意思なのです。

―とはいえ、その点では、まだ私たちは規格化から抜け出していませんね。

違います。規格化と共時化は結びついているのです。今日の建築にとって、もう一つの重要な軸は身体との関係です。それも従来の人体工学的《エルゴノミクス》なものを超えた身体との関係です。レオナルド・ダ・ヴィンチ〔一四五二―一五一九〕が再現図を描いて名高い「ウィトルウィウス的人体図」や、〔ドイツで建築の基本図書となっている〕ノイフェルト〔一九〇〇―八六〕の本にあるような均衡の取れたエルゴノミクスではありません。今日では時空が作るエルゴノミクスが問題になるのです。それは目の前に存在しているエルゴノミクスではなく、人間が動くことによって立ち現れてくるエルゴノミクスです。そこに立ち現れるのは今までのような静態的なエルゴノミクスが想定する人間ではないので、私はそれを「エネルギー人間」と呼んでいます。ですから規格化と共時化という二つの側面が、明らかに多くの問題を引き起こしているということです。グローバル化の時代には、すべてが規格化と共時化という二つのテーマのあいだで、また**フォークロージャー**と「追放」(27)という二つの用語のあいだで展開するのです。英語で**閉塞症候群**と呼んでいる状況です。それは監禁症候群とも言うべきものなのです。

(27)フロイト〔一八五六―一九三九〕の **Verwerfung** というコンセプトをラカン〔一九〇一―八一〕が訳して使った言葉で、拒絶、拒否、排除といったパラノイアの特徴を表す性質。ヴィリリオはさらに現象学的に解釈して、閉じ込められ、隔離され、取り囲まれている空間感覚をこの言葉で示唆している〔封鎖排除されること。端的にいえば、権力を無意識的に受け入れ、判断や選択や考察を事前に放棄してしまうことを指す〕。

――広々とした空の下での監禁ですね。

まさにその通り。監禁症候群は、完全麻痺や発語不能といった症状を引き起こす珍しい神経状態なのですが、意識や知的状態は損なわれることはないのです。共時化と自由貿易をともに進めるということは、双方向活動の時間を圧縮するということなのです。双方向活動の時間圧縮は、私たちのふだんの活動を支えている現実空間《リアルスペース》に大きな影響を及ぼします。**精神状態**と**行動**を考えることなくグローバル化を理解することはできないのです。私は「メンタリティ」〔心理状態〕という語を、言葉そのものが本来備えている意味で使っています。哲学者にとって実物世界は私たちの身体の外側にあるにせよ、内側にも実物世界は存在しているということを忘れないでください。イギリス人は内側にあるものを「認知地図」と呼んでいますが、そういったメンタルイメージは、私たちの行動を方向づけるのに必要不可欠なものです。世界は私たちの内部にあるのです。私は自分の内部に世界像を持っています。私はパリや隣人たちや自分の家の表象を自分の内部に持っているのです。そしてそれらすべてが相互作用をしているのです。

時間圧縮

――あなたの仰しゃる住まいは、建築学的な意味でいう居住環境ですね。世界の構造《アーキテクチャー》は心理的なものだということですね。

住まいのというのは生態的な意味では居住環境です。そして建築学的な意味では家なのです。ですから双方向速度を最大化する**時間圧縮**は、私たちの内側にある認知地図を変えるのです。空間の中で方向づけをするたびに、時間と空間の関係に行き当たるわけです。中国まで六カ月かかるのか六時間で済むのか？　それとも二秒で行けるのか二時間かかるのか？　このように、時間圧縮は個人の意識の中で変形された実物世界を介して実物身体に作用し、私たちはそれぞれの個人に特有のエルゴノミクスに入っていくのです。言い換えれば、一人一人が、環境から自分用に作り上げた最大スケールと最小スケールとのあいだの多様な表象の中に入っていくのです。

――空間が広ければ広いほど、私たちの内部で空間は縮小するというわけですね。

「私」が住まう本来のローカル距離の時空は、私を取り囲んでいるグローバル距離の心象の中に書き込まれるのです。このときからパリは私の心の中にあります。地図やランドマークは必要なくなるのです。歩き始め、方向づけをするだけでいいのです。しかし心象に書き込まれたものは、そっくりそのまま本物のパリを取り囲むパリ盆地であり、本物のフランスです。私は自分の内部にフランスを持っているのです。なぜ？　なぜなら私はすでにフランスを横断したことがあり、フランスをすでに内面化しているからです。心に刻まれた表象像、つまり認知地図は、私の旅行や経験から作り上げられているのです。同じことはヨーロッパについてもいえます。すなわち、実物世界の中の実物身体である私が作り出す移動と伝送の速度に応じて、ヨーロッパの実物世界が私の内部に作られているのです。ローカル距離とグローバル距離のあいだで起きる干渉は速度によって形を変えるのですが、現在起きている収縮はその干渉から生まれているわけです。結局のところ、それは実物身体の外部と内部の圧縮による収縮なのです。実物身体と実物世界の関係は、もはや十字軍やマルコ・ポーロ〔一二五四－一三二四〕の時代に存在したものと同じではないということです。

――実物身体が圧縮され…

そして実物世界も縮みつつある…。旅行距離の圧縮は実物世界の圧縮につながります。しかしエコー効果という反響現象を通じて、今や実物身体そのものが、かなりの重要性を帯びています。

――実物身体が速度を通して圧縮されると、空間は時間の中に消滅するということですね。

実物世界はあまりにも小さくなりすぎています。そして実物世界があまりにも小さくなりすぎたため、その反動で実物身体は、いっそう重要性を増し、その結果個人主義が力を増しているのです。私の言わんとしていることはおわかりですよね。集団主義の社会は、まだかなり時間的な隔たりのある社会でした。ですから長い距離を隔てた戦争が可能だったのです。旧ソ連軍の四万台の戦車を思い出してください。これに対して、あらゆることが瞬時に行われている今日の状況を見ればわかるように、政治や軍事の行動時空の収縮もまた、個人の日常生活に起きている収縮とまったく同じ力を持つものになっているのです。ですから実物身体の外部と内部に存在する現在の収縮は、今まで使われていた「グローバリゼーション」（グローバル化）という用語に新たな意味を付与した**グローカリゼーション**〔グローバルとローカルの混合化〕と呼ばれるべきものといえるでしょう。現在直面している状況は「グローカリゼーション」という言葉を抜きには語れないと思います。

――ローカルはグローカルということですね。

一方の手でローカルなグローバルを、またもう一方の手で単純なグローバルを摑んでいる状態です。ですから、あなたは確固としたフラクタル次元〔複雑なものの一部分を拡大しても、やはり同じように複雑性を入れ子状に持つ性質〕を手にしている、ということになります。実際マルチメディアの双方向性は、閉ざされた世界の反響効果、エコー効果にほかなりません。あなたがエコー室で話すとき、あなたのこだまはすぐに返ってきます。すべての双方向性はそうなっています。つまりすべてに双方向性があるということです。世界の距離が銀河系の距離と同じだったら、そういう双方向性は成り立たないでしょう。地球は小さいので双方向性が成り立つのです。光の速度が、ほんの一瞬のあいだに、互いに見合い、聞き合うといった双方向活動を可能にしているわけです。

――瞬時フィードバックですね。

実際、メディアの双方向性はエコー効果にほかなりません。それは世界の閉鎖によってできたエコー室となり、人間のメディア活動にとってはあまりにも狭小になりすぎた地球儀となっています。瞬時リアルタイムが及ぼすこの圧力は、継起時間の中で存在する現実空間《リアルスペース》に双方向性を生み出したのです。おわかりですよね。私たちは一方で現実時間《リアルタイム》の圧力を手にすると同時に、もう一方では瞬間を手にしているのです。双方向性とは、時系列的で歴史的に継起する現実空間《リアルスペース》に、同時性が追いついているということです。

――ここでの双方向性とは、しばしばいわれているような対話や交換といった類のものではないということですね。それとは正反対に…

言った瞬間に行われている。何とまあ。

――もはや対話も段取りもない。私たちはもはやコミュニケーションなどしていない。コミュニケーションそのものが痕跡を残さずに伝達されるということですね。

それは現在の私たちが密閉箱の中にいることを証明するものです。人々が双方向性の行為と受け取っているものは、実はただ単なる囲い込みの標識にすぎないのです。ですからここで都市化やグローバル化について話すとき、どうしてもフォークロージャー〔封鎖排除されること。権力を無意識的に受け入れ、判断や選択や考察を事前に放棄してしまうこと」を、つまり、すでに私たちが無意識的な犠牲者となっている監禁状態を喚起せざるをえません。私たちは耐えがたい生き方へと向かっているのではないか。このところずっとそう感じてきました。説明しましょう。私たちが住まう実物身体は、居住環境を形づくる「物質の汚染」――これは緑のエコロジー問題――によって不健康を被っているだけではありません。今後は「時間距離の汚染」、世界中の地球物理学を脅かす「隔たりの汚染」によって住む場所をまったく失ってしまうか、ほとんど失ってしまうのです。緑のエコロジーの世界は健康を蝕むのですが、**灰色のエコロジー**の世界は居住を不能にするのです。なぜなら世界は極度に縮小しているのですから。そこで働く双方向性はもうすぐ耐えがたいものになっていくでしょう。

灰色のエコロジー

――灰色のエコロジーとは距離のエコロジーのことですね。

私は、自然環境の汚染や物質の汚染に加えて、距離の汚染が、つまり現実生活《リアルライフ》の正常な釣り合い《プロポーション》への汚染が進行していると考えています。私たちが自然と呼ぶものには物質だけではなく距離もまた含まれているのです。建築家は、人間を取り巻くプロポーションがエコロジーの本質的な部分だと言っています。サイズが重要なのです。たとえば六メートルの人間がいるとして、その人間と世界との関係は、他の人々と世界との関係とは当然違っているでしょう。私はこの不釣り合いな状況を、言い換えれば実物世界の距離の差し押さえを、隔離効果、監禁効果と呼んでいます。それはミシェル・フーコーが『監獄の誕生』（一九七五）によって告発した一八世紀の懲罰社会よりも遥かに深刻な問題です。ただし私が明らかにしている監禁状態は、フーコーが書いている懲罰という側からの監禁状態の考え方とは無関係で、それとはまったく次元の異なるものです。

―かつて身体は空間の中に閉じ込められていましたが、今では私たちを監禁しているのは時間だということですね。

時間の中での身体、そして時間－空間の中での身体があまりにも過度に圧縮されているため、人は根本的な閉所恐怖症を感じざるをえないのです。

―「極の不動」は、もはや両極に向かう運動を生みません。しかしまさしくそれが双方向作用の基盤になっているのですね。

双方向性に向かう流れが、結果として「極の不動」状態を引き起こしているのです。私たちは大気中の温室効果、二酸化炭素、オゾンについて多くのことを耳にしてきました。しかしいまだに自然環境汚染の一側面、つまり物質面だけしか考えていないのです。現在、目に見えないとはいえ感知可能な第二の汚染が進行しています。地球の現実的生活圏域のプロポーションが汚染されているのです。この第二の温室効果は**速度圏**に関わるものです。それは超－高速で行われるモノと人の輸送速度の圧力から生まれたものです。もちろんロケット打ち上げに使う「脱出速度」は言うに及びませんが、大部分は遠隔《テレ》作用の情報電送速度によって生じている速度汚染です。SF作家のウィリアム・ギブソン〔一九四八―〕らは仮想空間《バーチャルスペース》や電脳空間《サイバースペース》について語っていますが、私がいま話をしたクリティカル空間《スペース》は、実際にはギブソンらが言っているような仮想空間《バーチャルスペース》の別名なのです。彼らはそれを「拡張リアリティ」と言うのですが、正しい用語としては「加速されたリアリティ」と言うべきではないでしょうか。繰り返し言いますが、仮想現実《バーチャルリアリティ》とは加速効果であり、演算がもたらす効果なのですから。移送の加速化は、いま突然に起きたわけではありません。それは馬の飼いならし、船の発明、そしてエンジンといったものに始まる大競争の先にある結末です。

クリティカル空間

―あなたが使っている「クリティカル」という言葉は、批評・批判・危機といった意味を併せ持ちますが、ここでは「クライシス＝危機」という意味に取るべきですね。

ええ、空間が危機状態に瀕しているという意味で使っています。危機に瀕した時間《クリティカルタイム》というのは、ご存じのように、危篤状態のことです。五秒後に死ぬ人間は終末期にあるということですから、危機的な時を迎えているといえます。一方、空間が危機にあると言うとき、それは地球の現実空間《リアルスペース》――大気圏外空間や宇宙空間ではなく――が危篤状況にあるという意味です。私が『失われた次元』の中で書いたように、もはや危機に瀕しているのは時間だけではありません。危機的状況の新たな事態とは、相対性理論とフラクタル理論とが同時に作用して作り出された世界の中で、空間そのものも危機的次元に陥っている事態のことです。私たちは相対性理論、時空、哲学、すなわちベルクソン〔一八五九－一九四一〕やアインシュタインを手にする一方で、*そうしたすべての次元に疑問符をつけるようになったのです。人々はそのことが生む事態に気づきませんでしたが、実に重大な出来事です。私たちは次元を内部崩壊させたのです。ゼロ次元、一次元、二次元、三次元と、歴史はすべての次元を体験してきました。そして現在、容積プラス時間、つまりカンディンスキー〔一八六六－一九四四〕に出会っているのです。**点、線、面、それは西洋では基本的なもので、そこにはギリシャ様式や遠近画法など空間関係の歴史がありました。それを今、私たちは爆破してしまったのです。ですから大きな出来事は、空間が危機に瀕しているという事態なのです。クリティカル空間は、相対性とフラクタルが交差する場に生まれており、言うまでもなくそれは事故です。事故という言葉を使うのは、ビッグバンという事故が、私たちに次元というものをもたらした歴史の始まりだからです。しかし私たちは今、すべての次元を爆破し、それによってすべての次元を幻影化しようとしているのです。私たちの根源的な不安はこの空間概念の崩壊と結びついています。空間の概念と次元の概念を分けて考えることはできません。東洋では次元の概念は存在しないという考え方が知られていますが、東洋の場合それは「間」という概念で置き換えられています。音楽でいうインターバル〔二つの音の合間〕と同じものです。これは非常に重要なことです。東洋では音楽のテンポ〔速度〕におけるインターバルは、空間のインターバル〔間隔〕と関係しているのです。さまざまな次元はインターバルを通さずには存在しません。これについては、『速度と政治』の「第三のインターバル」の章***を参照していただければと思います。

*アインシュタインが三次元空間に時間の次元を付け加え、四次元時空間を考察する相対性理論を提起したのに対して、ベルクソンは時計の針が示すような空間化された時間概念に反対し、生きている中で経験する分割不能な変化の時間を「持続」という概念で提起した。それらはともに、ニュートン力学が前提としていた「静止空間の科学」を、「動態時空」として考えることだった。

**ロシア出身の画家カンディンスキーは、絵画とは現実を写し取る芸術ではなく、自己の内的感情を表現する手段であると考えた。そして絵画を構成する基本素材である点、線、面、色などがどのような感覚を引き起こすのかを考察し、それらの感情を引き出す素材を配置構成して自らの内的感情を表現する抽象絵画を生み出した。さらにその先に彼は進み、音や時間が引き出す感情を絵画で表現しようと試みた。

***当該章では、時間や空間の次元を作る隔たりが、光速度という第三のインターバルが作り出す世界においては「瞬間」によって無化されることを明らかにしている。

―それが地球空間の危機だとすれば、地球空間の技術である建築も同じように危機状態に陥っているはずですね。

クリティカル空間は隔たり（距離）を保てないという局面で発生しています。瞬時双方向活動《インタラクティビティ》を通した時間距離の汚染は、すでに閉所恐怖症や監禁症候群といった影響を生み出しており、これからの都市生活や建築においては大きな問題となるでしょう。瞬時双方向活動の時間圧縮が生み出すグローバル化、それによって生まれる突然の現実空間《リアルスペース》の差し押さえ、これらと向き合う「グローバル都市」にとって、「締め出し」は不可避なものになります。それは身体との新しい関係、そして地理的住環境である実物地球との新しい関係を暗示しています。

——正確にいうと、どんな締め出しなのでしょう？

クリティカル空間（＝実物世界）からの締め出しです。実物身体は実物世界の外部には存在しません。実物身体を維持させている世界の外側には存在しないのです。実物世界とは、これまでは地球が作る世界のことでした。すべての歴史、すべての心理学、すべての哲学は、実物世界と実物身体という二つの要素の共生関係の中で生まれてきたものです。しかし実物身体が絶対的な監禁下に置かれると、個人は実物世界から締め出されてしまうのです。こうして、地獄に落とされた地球から去るためのあらゆる研究が生まれました。ナチスによる空間の征服を含め、第二次大戦以来の多くの研究の足取りは、すでに締め出しを実現する試みでした。あまりにも狭くなりすぎた世界から自分自身を締め出す試みなのです。

——それは生活圏（休息場）の問題であり、ナチスの場合、この締め出しは自国領土の拡張の権利という形を取ったのですね。

その通りです。監禁世界から自分自身を締め出す権利です。今や心理的に締め出しは避けがたいものになっています。それは身体との新しい関係や地理的住環境という地球との新しい関係だけでなく、地政学的社会という社会集団との新しい関係や最終的にはマス個人主義に捕捉された個人という動物的身体との新しい関係を暗示しているのです。以前の社会とは違っています。以前の社会では、人々は個々が作り出す集団という大衆でした。また世界それ自身も広大でした。しかし今は先ほど私が言った光景と同じ光景に立ち戻っています。実物世界の圧縮に伴い個人主義が支配的になっているのです。これは人間のフラクタルな側面〔全体の形を細分化しても、細分化された一つ一つの形は全体の形と同じであるという性質〕です。一身体がそのままますべてとなっている。そこからマス利己主義、マス自己本位主義、マス個人主義が生まれているのです。私たちはまだマス社会に生きています。たしかにその通り！　しかし**個人のマス社会**です。こうして実物世界の現実空間《リアルスペース》における都市化——これは有史以来の歴史ですが——に捧げられた至福千年ともいえる長い時間を経た今、人類の実物身体の現実時間《リアルタイム》における都市化が始まっているのです。つまり共時化《シンクロニゼーション》が始まっているのです。これは、集団的瞬時双方向活動《インタラクティビティ》の人工頭脳学《サイバネティクス》による共時化が、旧来のマス集団主義時代の規格化された社会行動や規律行動に置き換わりつつあることを意味します。

携帯自己《ポータブル・セルフ》

—では「自己規律」という概念〔規則を内面化させる種々の社会装置を通して「自己」を従順な主体に変える状態〕を打ち出したフーコーを忘れ去るとでも？

もはやフーコーもね。それについては、イギリスのケビン・ワーウィック教授〔一九四五－、ロボット工学者。本書一三六、二一七－二二八頁参照〕が二〇〇〇年九月に行ったおもしろい実験があります。彼は自分の体内にマイクロチップを埋め込み、自分の作業環境とのあいだに双方向的な作用を生み出す実験をするのですが、これこそまさに新しい生活方法の始まりです。すでに私は何年も前に語っているのですが、移植革命は技術による身体の植民地化にほかなりません。ローマ時代の道路に始まって鉄道、高速道路へと空間整備が進められてきた実物世界の時代から、遺伝子工学、バイオチップなどによって実物身体への整備がなされる時代へと収縮が起きているのです。一九五〇年代、六〇年代は電気掃除機やテレビなどを自宅に備えて生まれ故郷で家庭生活を享受する時代、それに続くのはポータブル都市の中で生活を享受する「自分の身にまとう」時代でした。しかし今やそれにとどまることなく、移植や生体人工器官や電極などで自分自身の体を整備する、「自分に埋め込まれる」時代になっているのです。ただし、現代に見られる関係構造はそれ以前の時代の関係構造と同じです。違うところは、実物世界を装備する代わりに、個人の身体内部を整備するという点にすぎません。

—それもまた遊牧《ノマド》生活の一形態ですね。身体内部でのノマド生活という意味では。身体が世界になっているということですね。

実物世界は、もはや身体の外側だけではなく、内側にもあるということです。

—居住者の中に居住（生息）環境が作られるということ。

居住者自身が、技術が居住（生息）する環境になってしまったのです。こう言ってよければ、居住者は「食細胞に侵されて」いるのです。そして、おわかりでしょう。このことを指して**締め出し**と言っているのです。かつて土地の環境整備がなされたように、環境自身を内部に装備した新しい人間は、もはや居住者ではなく、居住（生息）環境になっているのです。

―居住者はもはや心理的にも物理的にも居住（生息）されているのですね。ということは、もはやその人間は居住者ではなく、身体内部に居住（生息）されている者ですね。

建築《アーキテクチャー》が居住者の内部に取り憑いているのです。コンピュータの世界では、「システム構築《アーキテクチャー》」という言葉が使われていることを思い起こしてください。「建築」という言葉は、ただ単にレンガやコンクリートの建物を指すだけではありません。それは建築物のシステムも表し、それだけでなく、居住（生息）環境のシステムをも表しているのです。先のロボット工学者ワーウィックは、もはや自分の意志によってではなく、自分の身体に居住する移植物、電極、マイクロチップを通して、自分の身体に瞬時双方向活動を行わせているのです。

フィードバック構築

―そしてそれが、これからやって来る建築の原型のようなものになると…。

そうです。今日の建築は**とんでもない生息環境**を作っています。居住者自身が生息環境になっているのですから。実は、ギリシャやトルコの羊飼いたちのテント型ドレス、あるいはスキューバ・ダイビング装具などは、移植などによって生体器官が変えられる以前に存在していた居住者＝居住（生息）環境の初期形態だったのです。水中のダイバーをその実例として挙げましょう。ダイバーの呼吸器官はダイビング器機によって変えられ、水中でより快適に過ごせるようになっているのです。それが今日では、時間の圧縮と速度の圧縮――これらは同じものです――、そして瞬時双方向性が出現してそれらが広範囲に普及するや否や、ただちに**極度に**常軌を逸した問題として浮上してきたのです。それはフィードバック構築《アーキテクチャー》の問題です。別の言葉でいえば、逆方向制御と逆方向作用という問題が生じているのです。フィードバック構築《アーキテクチャー》は、今や人工頭脳学《サイバネティクス》の初期の時代――つまり、よく知られたコンピュータ・システムの始祖ノバート・ウィナー〔一八九四―一九六四〕によるマン・マシン・インターフェイス――に見られたような人間と機械との問題だけでなく、身体と人間生息環境、あるいは実物身体と実物世界との問題にもなっているのです。しかもそれぞれの関係はあまりにも密度が高すぎるために、もはやその関係を維持することさえ耐えがたい状態になっています。差し押さえを受けた時空の場では、「遍在すること」、それもほとんどの場合「同時に遍在すること」が前提となるわけですが、そういう同時性が、歴史的時間秩序に従う連続性を完全に制圧してしまっているのです。まさしくこれは危機的状況です。同時性の時代には、連続性はその重要性を失うのです。それはフランシス・フクヤマ〔一九五二―〕が書いた『歴史の終わり』（一九九二）ではありません。それは時間秩序の終焉なのです。言い換えれば、それは時間遷移の終焉であり、過去・現在・未来という時間秩序の終焉なのです。

——建築学的な言い回しをすれば、建物はもはや空間の連続性としてではなく、時間圧縮の観点から捉えられていることを意味しているようですね。同時性とはさらなる圧縮であり、現在という瞬間が支配するということですね。

まさしくその通り。部屋、通路、玄関などすべてが瞬間の支配下に入るのです。建築はフィードバック制御や遠隔《テレ》監視といった方向に向かっています。それは瞬時コミュニケーションに反応しなければならない建築です。その基本となるものはすでに実現しています。仮想《バーチャル》ポータル環境です。データスーツ、そう情報スーツ＊のおかげで、すでに私たちはポータルの存在を認識することができます。ポータル（入り口）とは、今日のコンピュータでよく見かける分身《アバター》という手段を使ってではなく、自分の**幻影**を使ってやり取りできる場を意味します。例を挙げてみましょう。ニューヨークに友達がいるとします。そして彼または彼女にどうしても会いたいとします。そういったとき、あなたは今ここパリで自分の部屋に入ります。そして相手もニューヨークで自分の部屋に入ります。電話ボックスのような仮想ポータルに入るのです。そこに入る前にデータスーツ、データ手袋、そして視像ヘルメットを身に着けます。それから仮想ポータルの中に入ります。そうすればあなたは、相手の幻影と握手をし——あるいはあなたの妻の幻影とキスをし、と考えてもいいでしょう——、話しかけ、相手の体を感じることさえできるようになります。こうしてあなたの友人はデータ手袋やデータスーツを通じた圧縮フィードバックによってのみ、つまり遠隔《テレ》視覚、遠隔《テレ》聴覚、遠隔《テレ》嗅覚の感覚移送速度によってのみ存在する幻影存在となるのです。

＊電極を張り巡らせたスーツで、それを着用した者の動きは、電極を通してデータ化され、遠隔地に伝えることができる。

―それは作家マラルメ〔一八四二―九八〕が夢見た文字の全面拡張*に似た、電話の全面拡張ですね。まさに遠隔《テレ》―世界ですね。

＊「世界は一冊の素敵な本になるべく作られているのだよ」（一八九一、対談集『文学の発展についてのアンケート』所収）と語るマラルメにとって、文学（文字＝書き物）は世界を写し取るものではなく、世界を作り出すものだった。「お腹がへっていない」ときに、「お腹がへっている」と言うことができる。自分は男でも、「私は女よ」と言うことができる。言葉が、目の前の世界を作り出す。それは現実の模倣でもなければ、偶然の産物でもなく、限りなく精緻に作り上げられたコトバの世界である。マラルメが夢見たのはそのような世界だった。

ある意味、それは遠隔瞬時移送《テレポーテーション》の始まりです。ふだんテレポーテーションという言葉はとても限られた意味でしか使われていません。マンガやＳＦで私たちが目にするテレポーテーションのことです。体が微粒子に分解され、あとで再組成されるという…。しかしそれは実体論的な見方で、私が言いたいのは遠隔存在《テレプレザンス》という考え方なのです。仮想ポータルは相似的な幻影のテレポーテーションであり、コミュニケーションの幻影のテレポーテーションなのです。幻影の問題とイメージの問題については語りたいことが山ほどありますが、ここでは宗教の側面から触れておきます。イメージと身体、イメージと事物との関係を見ていくには、まず手始めに、幻影と実体の問題を取り上げなければならないでしょう。どのような古代社会も、幻影の問題を真剣に取り上げていたことは知られています。幻影とは幽霊ではなく、霊魂の存在から生じるものとして考えられていました。だから霊魂の存在はイメージと同じように真剣に考えられていました。今日、私たちはイメージのみを台座に据えてしまっています。イメージの文明とか、仮想現実《バーチャルリアリティ》の文明といったように。しかしそこでは、今まで私が言及した情報スーツやデータスーツなど、あらゆる機器を使って幻影を復原していることが忘れ去られているのです。

――そして幻影の建築が始まり…、いずれにせよ純然たる空間的プロジェクトとしての建築は終末期に入ったということですね。

遠隔存在

ここで私が言いたいのは、人間工学《エルゴノミクス》においては、距離を隔てた身体の存在、一言でいえば遠隔存在《テレプレザンス》という特異な問題を取り上げる必要があるということです。この四年間、私はパリの国際哲学大学で遠隔存在《テレプレザンス》の講義をしました。そこにはあらゆる人々がいましたが哲学者はいませんでした。しかしこれはきわめて哲学的な問題なのです。存在との関わりにおいて遠隔存在《テレプレザンス》とは何を意味しているのでしょう？　表象との関わりにおいて遠隔瞬時移送《テレポーテーション》はどうなっているのでしょう？　こういったことは大問題です。アリストテレスやプラトン、もちろんハイデガーも入りますが、そういった人たちがもし生きているとすれば、彼らはこの問題にすぐに取りかかり、すでにこのことに関する論文を三本は書き上げているはずです…。

――AはAでないものと等しい。これは自己同一性の論理の終わりですね。排中律〔＝排中原理。「AはBでも非Bでもないものではない」〕の終わりで、どちらでも有りうるということですから。誘発性の遠隔存在神経症や技術神経症のようなものですね。

この段階になると、都市化と建物の突然変異によって、おそらく相同関係に重点を置いたトポロジーカルな論理が否応なく推し進められるでしょう。今まで建築家に要請されていたのは直交的なユークリッド幾何学的形態を引き継ぐことでしたが、瞬時性が導入されるや否や、トポロジー論理に基づく開発が必要とされるのです。コンピュータ科学と遠隔《テレ》科学技術がもたらす双方向性やフィードバックの制御に加え、今後は静電気と素材の電気抵抗による重力制御や、光学を利用した自然光コントロールなどが必然的に使われるようになるでしょう。そして紀元三〇〇〇年には、住民の身体そのものの利用を通じて、第三の設計図と建築が生まれるでしょう。

―時間が支配的になっていますが、それでも空間は消え去りはしませんね。

ただし空間は危機状態に陥っています。もはや速度は人生の速度ではなく、馬の速度でもなく、風の速度でもないのです。この危機状態によって私たちは、重力から私たちを解放する、重力圏脱出速度を含めた素晴らしい高速性を手に入れたと言うこともできるでしょう。しかし、その高速性が作り上げている建築・都市環境と私たちのあいだの双方向作用関係は、差し押さえられ封鎖された世界の中での、つまり監禁状態、物理地理的閉鎖状態の中での関係なのです。

――「壁も窓もない」掩蔽壕《バンカー》への立ち戻りですね…。

四〇年前にバンカーについての研究をしていた当の私が、そう言っているのです。世界は、そして地球は要塞になり、閉鎖された家になり、監禁されつつあるのだと言いたいのです。私たちが新しい建築のあり方を心に描き始めることができるのは、この封鎖状態の内部からであり、グローバル化なるものがもたらしている巨大なスケールという幻想の内部からではありません。事実、グローバル化は小さくなりすぎた世界であり、決して大きくなりすぎた世界ではありません。ですからこういった閉所恐怖症的な意識から、また監禁意識から――フーコーのいう懲罰的監禁状態ではなく、いま起きている大規模な監禁状態から――、都市化と建築の問題を提起すべきなのです。私たちは今、至るところで議論されているあらゆることとまったく性質の異なる地点に立たされているのです。

――建築はこれから双方向的な時間に向かうのでしょうか、それとも宇宙空間に向かうのでしょうか…。

私は建築のSFバージョンを作りたいとは思いません。もっとも、私はいくつか建築をしてきたとはいえ、そこに戻りたいとも思いませんが。私が言いたいのは、未来の都市は惑星地球から離れる発想に基づいて建設されるだろうということです。地球は住めなくなるということです。私がそう言うとき、一〇〇〇年という長い単位で考えているのですが、しかしそれを止めることはできないでしょう。私たちは五世紀前の速度に戻るつもりなどないのですから。瞬時双方向作用の速さのおかげで、背後のドアを閉めてしまったのです。ですから未来の都市建築は、小さすぎる地球という観点からなされていくはずです。小さくなりすぎたのは過剰人口のせいだけではないのです。むしろ世界を閉鎖して無くしてしまったからだという理由の方が大きい。こうして未来の都市建築は、いやあらゆる未来の建築はすべて、閉所恐怖症的意識の内側から新しい身体を基準にして作られていくわけです。新しい身体は、もはや自立個体的な身体ではなく、宇宙遊泳者に見られる自給自足的な身体、自律的な身体です。宇宙遊泳者は「惑星人間」の姿を表しています。宇宙飛行士のスコット・カーペンター〔一九五九年にアメリカ航空宇宙局（NASA）が選んだ最初の宇宙飛行士七人のうちの一人。一九六二年に地球周回〕が小さな宇宙スクーターで地球の遥か彼方で動き回る姿はまさに惑星人間のそれであり、衛星そのものです。そういった人間を進歩した人間と見なす確信を、私は持つことができません。むしろ私は彼の姿を見て救命ボートを思い起こします。

人類からの脱出

—建築術はもはや地上での住居のためにあるのではなく、体に張りついた脱出手段としての宇宙服のように、人間が身に着ける装具の中にあるということですね。どうしてこのような状況に至ったのか、結びとして手短に要約していただけますか?

ここですべての言葉を洗い直しておきましょう。共時化《シンクロニゼーション》はそれまでの規格化という流れに幕引こうとしています。隔たりをなくす瞬時双方向作用は、まさしく現実空間《リアルスペース》の封鎖排除《フォークロージャー》の証です。そのもとで現実空間《リアルスペース》外の世界、外部世界における居住（生息）環境が考え出されているのです。どうしてこのような地点にたどり着いたのか、ここで自問自答しなければならないでしょう。実物世界が封鎖排除されるに至ったのは、瞬時双方向作用を可能にする波動の絶対速度（光）と身体移動の超高速性が導入されたためです。まさしく封鎖排除とはその状態を指すのです。私たちは世界を過剰に狭小化し、実物世界を封鎖したがかめに、そこから排除されているのです。排除に話を絞れば、重力脱出速度の獲得によって私たちは自分たちを今までの居住（生息）環境、実物世界から追放し、自律的なやり方でカーペンターのような惑星人間になれることは確かです。それは速度の問題であり、時間や空間の問題ではありません。今や速度というものが歴史を作るのです…。

──歴史を破壊することによって…。

ええ。しかも、もう一つの明確な側面は、重力脱出速度が「動物としての身体」そのものに働きかけたのと同じように、今度はコンピュータ速度がそれに加わろうとしていることです。コンピュータ速度により人間の遺伝子情報が簡単に解読できるようになったことで、別種の人間が、すなわち私たちの知る人間とはもはやまったく異なる人間が生まれようとしています。この局面では、地球を越える（地球外に住む）という問題を遥かに超えて、人間そのものも越えるという問題を引き起こしているのです。

Ⅱ 遺伝子爆弾

1　優性学

二つの身体攻撃□三つの速度革命／サイボーグ□身体の内部植民地化□三つの身体□人工選択淘汰□遺伝子ロボット□スーパー人種差別主義□アウシュヴィッツ・ビルケナウ□大量殺人□人体実験□奇形学□強制収容所のアート□身体アート□極限科学□アブジェクション□遺伝子組換えアート□神話の再発明□安楽死・知覚麻痺□感情麻痺□残酷性

二つの身体攻撃

―聞き手　ロトランジェ　第Ⅰ部では、今や身体がすべてになり同時にその身体があらゆる形で技術に冒されつつあるという話をしてきました。それにしても遺伝子の標識づけ《ラベリング》は身体の侵食の極限形態ですね。

ヴィリリオ　そうです。しかし身体に起きている二つの問題を混同してはいけません。私の考えでは二つの侵入攻撃があります。身体に対する二つの攻撃ポイントと私が呼んでいるものです。その二つは同じものとして扱うべきではないと思うのです。一つは**生物工学**《バイオニクス》と呼ばれているもので、それを私は**食**

肉人工補完工学と名づけたいと思っています。これが第一の攻撃ポイントで、身体と接続させる技術的な人工補完物です。これについてはまたあとで話しましょう。もう一つの攻撃ポイントは**情報技術**です。つまりＤＮＡを解読し、ヒトの遺伝情報地図が作成され、「生命の書」〔生命の隠された仕組みが書き込まれたもの。遺伝子〕が開け放たれているのです。このように身体に対しては二つの攻撃がなされているのです。

――しかしその二つの攻撃には密接な結びつきがありますね。ヒトの全遺伝子情報を扱うことによって、身体全体が人工補完具になりつつあるのですから。

三つの速度革命／サイボーグ

そう言ってもいいかもしれません。しかしまだその二つはかなり異なった局面にあるのです。生物工学《バイオニクス》は、私が速度における三つの革命と呼んでいる第一の段階です。少し歴史を振り返ってみましょう。速度における三つの革命と言う場合、一九世紀から二一世紀までの三世紀にわたる期間を三つに分けることができます。第一の革命は、一九世紀から二〇世紀までの**輸送革命**です。そこでのヒーローは、互いに手法は異なりますが、『月世界旅行』〔一八七〇〕を書いたフランスのＳＦ作家ジュール・ヴェルヌ〔一八二八－一九〇五〕と、より速い輸送手段を追求し続けた実業家ハワード・ヒューズ〔本書九三頁参照〕でした。第二の革命は**伝送情報革命**です。その代表的な人物は身体装着型コンピュータを開発し自身をサイボーグ化したスティーブ・マン〔本書一〇三頁参照〕と、仮想現実《バーチャルリアリティ》のパイオニアであるジャロン・ラニアー〔一九六〇－、ニューヨーク生まれ。コンピュータ科学者・作曲家・映像アーティスト〕といえるでしょう。そして今日の第三の革命、すなわち**移植革命**と続きます。その代表がイギリスのケビン・ワーウィック教授です。第I部〔一二二頁〕でも話したように、彼は二〇〇〇年九月に、自分の大学研究室を歩き回るときに認証バッジをつけずに済むよう、自分の体にマイクロチップを埋め込む実験を行いました。みんなは彼を笑いものにしました。しかし、社会の安全性がもはや保証されず、情報流出が国家規模のトラウマになっているこの時代に、認証バッジやカードを持ち歩くというのは明らかに危険です。それに厳重な警備体制の中で行われている空間を動き回るとき、認証コードの入力に時間を費やすというのは苦痛です。しかし体に埋め込まれたこのチップを使えば、ワーウィック教授の体はリラックスした状態で認証コードを入力できるのです。そう、あなたも知っての通り、現代の私たちは速度における三つの特性、三つの革命をこのように経験しているのです。

—はじめに、いま挙げられた登場人物の特徴を見ておきましょうか。哲学者ヘーゲル〔一七七〇－一八三一〕のように、あなたは、しばしばある時代のさまざまな矛盾と革新を一人のヒーローの名で要約しようとしますね。何らかの考えを印象的な引用で提示する方法です。しかしあなたにとって、そういう人々は単にその時代の代表的人物といった枠に収まらない意味を持っているのでしょう。彼らはその過剰さにより、詩的な形で何らかの考えを体現していますから。

こういった極限まで行った人々に、私がいかに強い愛情を抱いているのかを、多くの人々は知りません。アルトー、カフカ〔一八八三―一九二四〕、ハンナ・アーレント〔一九〇六―七五〕、シモーヌ・ヴェイユ〔一九〇九―四三〕といった人々に対しても、同じような感情を抱いてきました。

―おそらくそれはあなた自身、いつも極限まで行こうとしているからでしょう。『純粋戦争』であなたが取り上げた最初のヒーローはハワード・ヒューズでした。ヒューズは輸送革命の典型的な人物です。彼はこれから起きるだろう大衆状況を予示していたのです。なぜなら速度の世界（映画スタジオ、飛行機など）を手にしていたのに、最終的には完全な隠遁生活で終わりを迎えたのですから。彼は私たちが知る初めての「テクノロジーカル僧侶」になったのであり、速度の逆戻しが遂には不動の極に至るという極限の経験をした初めての人物になったのです[28]。伝送革命のヒーローであるスティーブ・マンもまた魅力的な人物です。彼については少し細かいところまで踏み込んで足取りを追うだけの価値があります。トロント出身の工学教授で、ここ三〇年近く、彼は「アイタップ・グラス」というヘッドセット（受送話器）をまるで自分の体の一部のように着けています。その眼鏡は非常にコンパクトなコンピュータ・スタジオのように作動します。というのも、それは複数のレザー光と超小型カメラを備えており、腰回りに装着したバッグの中にはそこにつながる六個の超小型コンピュータが作動しているからです。その視覚システムによって、彼は自分の日常生活の経験を記録し、読み取り、「増強する」ことができるようになっています。初めの頃、私は彼が技術への愛からそうやっていると思い込んでいました。しかしそれはまちがいでした。それとはまるで正反対。彼は日常生活を通じて「全体主義的技術」の侵入と戦おうとしていたのです。その抵抗方法は、二四時間ウォークマンを着けて母国語に抵抗した有名な「言語の統合失調学生」ルイ・ウォルフソン*と同じようなやり方です。スティーブ・マンは「ハイテクオタク」どころか、ハイテク監視人を自称しているのです。あの連続爆破犯ユナボマー〔本書一三一―一四、二四二頁参照〕のよい面での先駆けだったのです。ファックスなどの電信科学技術を自分の身に装備することで動かなくなったハワード・ヒューズとは異なり、マンは電子ドームで自分を保護しながら、あらゆるところを動き回ることができたのです。そして自分の見たものすべてを記録し、監視カメラに「逆監視を仕掛け」、公共宣伝から身を守るために自分の網膜に自分のメッセージを投影しているのだと主張していました。言うまでもないことですが、警察、チェーン・ストア、カジノに至るまで、公衆の面前で彼が挑んださまざまな監視組織にとって、この装置を身に着けた彼は好ましいはずがありません。そのため彼が頼りにする洗練された高度技術は、彼がその企てを成就する際に明白な弱点にさらされることになりました。九・一一事件〔二〇〇一年九月一一日、アメリカ同時多発テロ〕の余波が広がる中、トロントに戻ろうとした彼は、空港警備員からいつもにも増して激しい阻止行動に遭いました。このとき警備員たちは彼の装置を荒々しく取り外し、裸にして身体検査をし、彼を傷つけ（というのも彼らは彼の皮膚から電極を引き抜いたからです）、五〇万ドル以上もする装着型コンピュータに深刻なダメージを与えたのです。「配線マン」である彼は直ちに混乱に陥り、とても簡単なことでさえできなくなってしまいました。三日間にわたる厳しい尋問を受け、解放されたあと、彼は無数の消防士たちとぶつかり、遂に気絶してしまいます。そして最終的に、車イスで飛行機に搭乗しなければならなくなったのです。伝送革命という手段を使って対抗しようとした彼が、当の伝送革命自身によってもたらされた惨事でした。(29)

（28）Paul Virilio/Sylvère Lotringer, *Pure War. op. cit.*, ch. 7.

＊一九三一―。ニューヨーク出身。電気ショック療法を受けて、人間不信と母国語不信に陥り、以後母国語の英語を拒否してすべての言葉を中世フランス語に瞬時に翻訳し理解するようになる。

（29）Bruce Schechter, "Real-Life Cyborg Challenges Reality With Technology," *The New York Times*, September 25, 2001; Lisa Guernsey, "At Airport gate, a Cyborg Unplugged," *ibid*, March 14, 2002 を参照。

マンはワーウィックの先行者ですよ。つまり身体への技術侵入を始めたのです。

—目下ワーウィックは、神経システムとコンピュータのあいだで電気信号をやり取りし、リアリティの感じ方を変えることができる新たな移植を行っています。ジャロン・ラニアーは、ワーウィックの移植とは別のやり方で、それを実現しました。彼は仮想現実《バーチャルリアリティ》の研究分野では最もよく知られているコンピュータ科学者で、その科学的ヴィジョンはとても楽観的なことでも知られています。技術は人類をある種ユートピア的な双方向活動へと導くであろうと彼は確信しているのです。そういったプロフィールを持つ彼を、伝送革命のもう一人のヒーローにしてはいかがでしょう?

他のいく人かの人たちとともに、ラニアーはデータスーツを代表するヒーローです。データスーツによって私たちの身体は距離を隔てて存在する他の身体と相互に影響し合うようになり、自分自身を自分以外の身体に伝送することができるようになりました。実際のところ、私が取り上げているこれらの人物は、三つの革命を代表する三つのキャラクターなのです。**物理的輸送革命**が最初にやって来ました。それは移動と加速を超音速化する革命です。それに続く二番目の**情報伝送革命**はライブ電送革命です。それは人工頭脳学《サイバネティクス》的革命と言っていいでしょう。光の壁に達する能力の獲得です。言い換えれば、テレビや遠隔聴取《テレオーディション》に限らず、遠隔操作《テレオペレーション》を含めたあらゆる領域で、電磁波速度に達する革命なのです。そして最後に、**移植革命**がやって来ます。この最後の革命は、ある種の技術によって身体内部に情報伝送技術を導入するのです。輸送革命、情報伝送革命のあと、二一世紀の今日、体内器官移植革命が始まっているのです。

―情報伝送革命とは、人間の総遺伝子に含まれる情報の解読可能性をもたらす革命なのですね。

ええそうです。生きている生体組織の情報プログラムを解読する革命です。そしてこの革命によって、「生命の書」の解読、すなわち先ほど話したＤＮＡ解読が行われているのです。それを理解するために、手始めに移植革命から話を進めましょう。移植革命とは、もはや人間の特質であるカニバリズム〔生き物を食うこと〕――つまり人間は肉食性を持つので、本来植物や動物をガツガツ食べます――による身体へのタンパク質供給を超えて、ペースメーカーに始まり、付加記憶*、マイクロチップ、遺伝子工学、そして身体への埋め込み電話**といった手段を通して、身体に技術とエネルギーを供給するものです。それは科学を信奉した未来派***が目指したものにつながるものです。ここでは細かいところに踏み込むことはしませんが、私たちはもう一度「未来派宣言」を書いたイタリアの詩人マリネッティ〔一八七六―一九四四〕を読み直すべきです。なぜならそういった欲望は、未来派に遡り見い出すことができるだけでなく、さらにはファシズムに遡って見い出すことができるからです。ムッソリーニ〔一八八三―一九四五〕と組んだマリネッティはファシズムの予言者です。アウシュヴィッツで人体実験を繰り返した、強制収容所の主任医官ヨーゼフ・メンゲレ〔一九一一―七九〕による優生主義ファシズムにも移植革命への欲望を見い出すことができます。そしてそのことをマリネッティは予見していました。私が肉食補綴具〔体内に植え込む人工臓器やマイクロチップなど〕と呼んできたものは、そういった側面を指しているのです。

＊メモリーチップを人間の体内に埋め込み、神経回路に接続することで保存される記憶。これによって人間の記憶容量を増やす。将来的には特定の記憶チップを工業製品として大量生産し、脳に埋め込むことも…。

＊＊本来、聴覚は空気の振動を知覚して成り立つものだが、埋め込み電話はその知覚プロセスをカットして、電波が直接聴覚を刺激できるよう、脳にマイクロチップを埋め込むもの。さらに発話神経回路の変化をそのままマイクロチップで情報変換し発信するといった装置も考えられている。

＊＊＊未来派は一九一〇－二〇年代にかけてイタリアの政治、社会の変革に対応して生まれた前衛的芸術運動。「私たちは危険を愛し、エネルギッシュかつ勇敢を歌う」で始まる一九〇九年の「未来派宣言」に端を発する。芸術文化やアカデミズムのあらゆる旧弊を破壊し、新しい未来社会の機械と速度のダイナミズムを礼讃したこの運動はさまざまな芸術分野に浸透するが、二〇年代以降はその国家主義的傾向がファシズムの受け入れるところとなり、思想的危機に陥って自然消滅。

—技術《テクノロジー》はそのような革命を誘発するかもしれません。しかし芸術《アート》はそういった事態を事前に予想できますね。

芸術は先駆けです。芸術はロマン主義以来、ともかく一八、一九世紀以来、政治的変化を世俗的な形で予言し続けてきたことは確かです。ある意味で芸術は、宗教や哲学と肩を並べる役割を担っていたといえるでしょう。しかし芸術の役割は哲学や宗教のように世界を正面から問うことではなかったのです。芸術の役割は、やがて起こりそうなことを予言的に告げることだったのです。

身体の内部植民地化

—予言という話をすれば、あなたは二〇年ほど前に出版した『純粋戦争』（一九八三）の中で、南アメリカ諸国に見られる「内部－植民地化」という現象は、開発途上国特有の症状ではなく、まったく逆に、やがて他の社会にも訪れる症状として軍が実験的に進めてきた結果の現象であると考えました。そこで繰り広げられた軍の自国民に対する占拠は、「最低状態」の強要と、ホームレスに始まる全国民の廃棄化へ向かうという点で、最終的には他の国々にまで拡大されていくことを予見させるものでした。そして今、実際にその現象はグローバリズムの到来とともに全世界に破局的に広がっています。遺伝子工学による身体の植民地化は、それとほとんど同じ部類の現象といえるでしょう。身体へのマイクロマシンの人工挿入は、ヨーロッパが世界に対して押しつけてきた領土植民地化方式と同じ方式を内側に向けて拡張しているということではないでしょうか。

植民地のユートピアで**何より重要なのは**、植民地化された人々の身体を変えようとする試みです。私は今、植民地下で実際に暮らしている人々の状態を話しているわけではなく、現在進んでいる事実、科学技術そして世界の現状を話しているのです。そこでの植民地的な力、帝国主義的な力、全体主義的な力は、身体に向けて一斉に行使されることがなければ、決して国中に及ぶところまでは広がりません。そういった力の働き方は軍隊における教練に見ることができるでしょう。そしてバイオテクノロジーは、軍隊における教練と同じ役割を、あるいは「野蛮人」を文明化するという領土植民地における身体訓練と同じ役割を、世界帝国ともいえる規模で果たしているのではないでしょうか。そこに見られる違いは、「野蛮」な肉体を文明化するか、生きている身体をクローンや遺伝子交配によって変えるかの違いだけです。

――インターネットが全人類を電子戦争の場に投げ込む一つの方法であったのと同じように、バイオテクノロジーは、グローバル市場向けの身体を作り出す一つの方法です。生物学的な革命は、身体内部にフリーマーケットを開くことによって、基本的にグローバル化の領域を広げるものです。すでに中国からルーマニアに至るまで、先進国の利益のために第三世界の人々の身体からスペア部品をゆすり取る闇市場が活況を呈しています。

それは新しい形の教練、全体主義者のユートピアのようなもので、新しいタイプの人間を作り出すことが目的です。しかし昔と違って、現在の新しい個人は単純にアーリア人というわけではなく、またフーコーのいう自己規律化した主体でもない。生物学的に新しい人間なのです。人間はもはや繁殖するものでも他者から生まれるものでもなく、**作り上げられる**ものなのだということです。それは人間が持つ**特異性**の終焉です。

三つの身体

——生物学で作られる新しい人間は、伝送技術を通した世界そのもののクローン化に呼応するものですね。

私たちは世界の外側に身体を持っていません。私たちは**領土**〔生態環境〕**的**身体、**社会的**身体〔あるいは仲間〕、そして**動物的**〔生物的〕身体を持っています。第一番目の領土的身体とは世界のことです。実物世界そのものがなければ、社会的身体も実物身体〔動物的身体〕も存在しないのです。技術は、まずローマ人の時代には道路や大運河によって、その後は高圧線や水道、電気、鉄道、道路網などのインフラによって、外部空間の植民地化を推し進めてきました。それが今、動物としての身体までをも植民地化しようとしているのです。そもそも領土的身体は社会的身体や動物的身体よりもずっと重要です。大地がなければ人間はいません。実物身体と実物世界との関係が切り離されたとき、初めて死が訪れるのです。実物世界がなければ、いかなる生きものも存在しません。この点に関していえば、大地を失うということは、君主政、共和政、民主政、暴政といった社会的身体の変化から生まれる喪失などとは比べようもないほど決定的な喪失なのです。なぜなら大地の喪失とは実物身体を喪失することであり、地球物理学的な身体を失うことなのですから。ところが歴史上初めて、その**メタ地球物理学**的レベルでの収縮が起きたのです。それは社会的レベルでの収縮でも社会 - 物理学的レベルでの収縮でもありません。まさに前代未聞の出来事です。このメタ地球物理学的レベルでの収縮においては速度が最も重要なものとなります。これまで私たちが話してきたように、時間圧縮は瞬時速度、双方向性、フィードバックといった力から生まれたものです。これによって私たちは参照基軸を失った状況に直面しているのです。それは天文学が「大変革」を示唆する言葉だという意味で、まさに天文学的なとてつもない局面です。技術の力は、ローマ帝国時代には早くも道路や運河を整備し、その後、鉄道や高速道路の建設へと向かいました。そしてそれが地球規模へと拡大し、電気・エネルギー革命を経て電話やその他諸々のモノを作り出し、遂には領土的身体全体を灌漑するまでになりました。都市は灌漑の場所となり、やがて都市だけでなく、居住アパートも含めたさまざまな灌漑が進められることになったのです。

――そしてそれに続いて、技術は人間の身体そのものに手をつけ始めたのですね、動物的身体に。

第三の革命は人体の灌漑です。まず手始めに電気装置によって外側から（スティーブ・マンを見てください）、その後は肉食補綴具によって内側から身体に侵入することで、人体の灌漑が行われているのです。移植技術によって、技術はすでに身体内部に挿入されているといえるのではないでしょうか。

――それは最初の攻撃ですね。次のステップでは、すでに今ここにある身体への侵入ではなく、ひっかき傷の破片から身体を作るような攻撃になる。

そこでは生命の創始という別の問題が出てきます。生きている生体を工業化する、種そのものを工業化するという可能性です。

人工選択淘汰

――ダーウィン（一八〇九―八二）の自然選択淘汰とゴールトン（一八二二―一九一一、イギリスの遺伝学者・優生学の創始者）の社会選択淘汰のあと、私たちは今、総遺伝子の組立ラインに手をつけようとしているのですね。

もはや相対的なパフォーマンスにすぎない優生学や、ゴールトンのいう人工淘汰――私にいわせれば、ダーウィンはゴールトンの考えには反対でした――の問題ではなく、**情報選択淘汰**の問題になってくるのです。

―私たちはその歴史をざっと振り返る必要がありますね。ダーウィンは彼の従兄弟で少々急進的すぎるフランシス・ゴールトンの理論を知っていたことは確かです。ゴールトンは、時間とともに「適者生存」と「不適格者の排除」が進み、すべての適性が獲得されていくという想定に基づいて、人間の生殖に直接コントロールを加えることを推奨していました。「生命のステージでその務めを果たす**最適な種族**が、不適格な者、病身の者、不活発な者によって締め出されないように」保護緊急措置を講じる必要があると考えていたのです。人々の退廃の原因は教育や環境ではなく、**悪い遺伝質**の存在にあるとし、その種を人工的に除去しなければならないというのです。こういった考えに基づき、ゴールトンは一八七〇年に動植物の品種改良をモデルにして**優生学**を打ち立てたのです。優生学（eugenics）という言葉は、ギリシャ語の**良い**（eu）と**種**（genos）という二つの語根を結びつけて作った用語です。彼のプロジェクトの目的は、「悲惨なほど低レベルにいる現在の人間種を、博愛主義の夢のユートピアを実際に作れるような人間種へと[30]」高めることでした。ユートピアの名前を借りて、言うに耐えない行いがなされたのです。そしてゴールトンのこの夢は特殊な例外ではなかった。初歩的な統計学を後ろ盾にした生物社会学としての優生学は、少なくとも上流階級の人々、言い換えれば工業化によって引き起こされた都市の不浄化と社会の変質に恐れを抱くアングロ・サクソン系プロテスタントの人々のあいだでは、利他主義的な信奉者もいたにせよ、合理的に思えたのです。実際、進化論的向上を唱えるこの新しい科学は、とりわけヨーロッパやアメリカで人気を博し、アメリカでは病人と「精神薄弱者」を対象とする避妊手術法が二四の州で施行されました。また一九〇〇年には、一度は埋もれてしまったグレゴール・メンデル〔一八二二―八四、オーストリアの植物学者〕の遺伝法則、すなわち唯一の生物学的決定因は遺伝子であるとする植物遺伝形質の再構成法則を四人の学者が再発見するに至り、優生学は強力な援軍を得ることになりました。たしかにメンデルの学説は、ラマルク〔一七四四―一八二九、フランスの科学者〕が長らく主張していた後天的形質の遺伝説に終止符を打つものでした。大西洋の両側で勝利を収めたこの「人種改良科学」は、ナチス国家が熱狂的に人種政策に取り入れたのち、戦後の「民主的」国家のあいだではあっという間に衰退します。以降、優生学が現代の人間遺伝学の先駆者であるという事実は系統的にもみ消されてきたわけですが、もちろんその理由は言うに及びません。

(30) Francis Galton, *Hereditary Genius*. London: Macmillan and Co, 1925. Preface to the edition of 1892.

そして今日では遺伝子工学、完全無欠な優生学、すなわち人間という創造物そのものの完成を目指す優生学へと実際に突き進もうとしているのです。そこで重要なのは文化ではなく、**プログラム**です。私は人工淘汰と情報淘汰を切り離すことはできないと考えています。それら二つの淘汰圧の背後には、ポスト人類ともいえる「拡張された人類」という理念が隠されていることは明らかです。ちょうど人工頭脳学《サイバネティクス》を通して生まれた「拡張リアリティ」という話を先ほどしたところですが〔本書一一八頁参照〕、それと同じように、「拡張された人類」という理念が背後に隠されているのです。厳密にいえば、私たちはさまざまな人類の創造を想像することができるようになった。もはや唯一の人類ではなく、**複数の**さまざまな人類を作り上げることを、思い描くことができるようになったのです。

遺伝子ロボット

—その時点で、遺伝子工学は高機能人間と同時に下層人間を作るために、人間の総遺伝子地図に手を加えることもできるでしょうね。

今や優生学の避けがたい次元を推測し措定することなしに、遺伝子問題を先に進めることはできないと思います。スーパー人間――メンゲレが引き出したゴールトンの考えですが――というアイデアの背後には、必ず劣等種という考えが存在しています。人々が理解していないのは、「スーパー」という接頭辞には、他のすべての人間は価値の劣る存在だという意味が含まれている事実です。スーパー人間というアイデアを作り上げたとたん、人々は人間そのものを不信の目で見て、スーパー人間以外の人間を評価の劣る者、価値の低い者として捉え始めるということです。事実上、スーパー人間を存在させることは、それ以外の人間を劣等人間であると見なす宣言なのです。ところで、私の考えではスーパー人間は、たとえ完全であるとしてもモンスターです。スーパーマンは遺伝子組換え製品のようなものであり、彼らはあらゆるものに耐性を示すでしょう。

――とはいえ、劣等人間というアイデアの登場は、バイオテクノロジーを待つまでもありませんね。それはすでに植民地時代に存在していましたから…。

植民地時代のそのアイデアをさらに押し広げると、さらなる文明化を経たその後の征服者から見れば、今日の人類は野蛮人に等しいものだといえるでしょう。そして良し悪しはともかくとして、そういう野蛮人を見つけることができる場所は、もはや遥か彼方にまで広がる大地の上ではなく、実験室の中でとなるでしょう。新しい複数の人種が実験室の中で製造されるのです。そこでは、卵子と精子から作られる霊長類という最初の種はもう原始的な生き物として考えられるようになります。しかもスーパー人種差別主義が広がる世界では、植民地主義、民族差別主義、排外主義を支えてきた論理基盤が再び至るところで見い出されるようになり、しかもそのスケールは宇宙にまで広がっていくのです。そこから、超人類は地球外生命の未来であるという考えが生まれてくるわけです。SFの世界で描き出された小さな「緑色の人間」〔一九五〇年代に一般的だった異星人のイメージ〕の探求は、優良人間を探求するという意思の先駆けだったのです。ナチスの優生主義にあえて加担しようとする者は誰一人いないにしても、あっさりと私たちは大気圏外に身を任せ、火星からやって来る小さな「緑色の人間」を選んだのです。

――ウィリアム・バローズ〔一九一四-一九九七、アメリカの作家〕は早い時期から、生態環境は遺伝子操作によって最終的には宇宙空間へ飛躍するだろうと考えていた一人でした。人類はいまだ成熟途上の段階にあり、生物学的に見て現状のままでとどまるようには設計されていないと考えていたのです。これからは「天体向きの身体」が、すなわち宇宙空間の中で自分たちの霊的運命を満たせるようなより軽い身体が作り出されるであろうと。SFもまた一つの先駆だったのです。

私が恐れているは遺伝子ロボット、生きたロボット、遺伝子コードの操作によってロボット化された生きた生命体というアイデアです。

――それらは工業ロボットではなく、情報ロボットで、コンピュータと「人間の全遺伝情報」が作り出す子どもたちですね。

最も恐れているのは、人間ロボットを、つまり生きた奴隷を作り出せる遺伝地図の開発です。遺伝子工学による新しい形の奴隷制度が作られるかもしれないということです。クローンや異種交配は遺伝子操作によるロボット化という考えを増殖させます。たとえば近年、イギリスの生化学者グレッグ・ウェンター〔一九五一―。二〇一八年ノーベル化学賞受賞〕は、生命はわずか三〇〇の遺伝子で作り出せるだろうと主張しています。これは長い目で見ると、下等生命の製造準備ができていることを示唆するものです。それは原初的なものかもしれませんが、ともかく作動するでしょう。

――当然そのときから科学者たちは、胚性幹細胞から無頭モンスターを作り出すこと、つまり臓器の新鮮な資源になるためだけに生かされる前脳なき身体の製造を思い浮かべているのです。

下等人間というのは、植民地主義時代に世界の災禍が生み出したもので、工場で作られたものではありませんでした。しかし総遺伝子情報の改変による今回のケースでは、それは映画「ターミネーター」（一九八四〔同シリーズは二〇一九年現在も続いている〕）に見られるような、産業プログラムによって作り出されるものになるでしょう。生体コントロールのすべての問題は、人類の産児制限と関係してきます。ただしそれは、男女産み分けの産児制限という意味でもなければ、誕生がなくなって人類が根絶するという意味でもありません。そうではなく、それは単数形の人類というものの絶滅可能性を意味しているのです。

スーパー人種差別主義

―そして新たな人種差別問題が起きると…。

そうです。言ってみれば**スーパー人種差別主義**が起きるということです。そもそも人種差別主義とは何でしょう？　人種差別主義とは、人類という単一種の中に「優等」人種と「劣等」人種がいると仮定することです。世界で最も極端な人種差別主義者はそう認識しています。その点では、彼ら人種差別主義者にとっては、彼らが「劣等者」と名指しした人々でさえ、あくまで人類という枠内で劣等だということになります。人種差別主義者は劣った人々を「劣等者」と呼びますが、ともかくこの次元ではまだ人間として見ていることに変わりはないのです。あらゆる虐殺、あらゆる異様さ、あらゆる恐怖を経てたとしても、人種差別主義はスーパー人種差別主義とは異なり、「劣等者」は人類という単位の中にとどまり、「劣等者」という呼び方は人類という単一性の枠内で使われる相対的な表現にすぎません。

―それはロベール・アンテルム〔一九一七－九〇、フランスのレジスタンス作家〕が強制収容所について書いた『人類』〔一九四七〕で主張していたことでもありますね。この著作はプリーモ・レーヴィ〔一九一九－八七、イタリアの化学者・作家〕の『これが人間か（アウシュヴィッツは終わらない）』〔イタリアでの初版一九四七〔その後フランス語版をはじめヨーロッパ中で共有されてきた基本文書〕〕と並ぶフランスの古典です。一九四四年に強制収容所の労働隊に送られたレジスタンス活動家アンテルムは、「われわれと他の民族とを分ける隔たりは、いまだ明らかでなく手つかずである」と強く主張し続けました。存在しうるのはいくつかの人類ではなく、たった一つの人類だけなのだと。そして「何者であれ、自らの意志で人類に入ることも人類から出ることもできないのだ。また何者であれ、動物や木になるように強制することはできないのだ(31)」と。しかし、この断固とした否認は、ナチスの計画に隠されていた本当の性質を反証するものでもあったわけです。ナチスの計画は、ユダヤ人やジプシーをその地から単に一掃することを越えて、彼らが人類として存在することを根絶しようとしたのですから。

(31) Robert Antelme, *The Human Race.* Marlboro, Vt: The Marlboro Press, 1992, p. 219. [*L'Espèce humaine.* Paris : La cité universelle, 1947; réédition Gallimard, Collection blanche en 1957, puis Tel, 1999].

人類の種を増殖させるという問題は、以前にはまったく存在しませんでした。これまでの人種差別主義者は、たった一つの人類がいるだけで、その人類の中に異なった人種がいると考えていたわけですから、人類という種自体を複数化するという過剰さに陥ることを免れていました。私が言いたいのは、現在この単一種という一体性を**遺伝子爆弾**が爆破しようとする危険を犯していることです。

――しかしすでに強制収容所で爆破されてはいなかったでしょうか？　ジョルジュ・バタイユは一九三三年に「穢れたもの《アブジェクション》」についての小論を書き、そういった考えを探究していました。バタイユはその中で、人間たちは、自分たちを事物に還元しようとする「強迫的な振る舞い」に抵抗できなければ、まさに**害虫**になってしまうと示唆的に述べて、「穢れた姿《アブジェクト・フォーム》」を排除することは人間から人間としての価値を奪うことであり、人間を事物に変えることだと主張しました。「穢れたもの《アブジェクション》」（主に不明瞭な主体性という意味で使われる）という概念自体は、セリーヌ〔一八九四–一九六一、フランスの作家〕について書かれたジュリア・クリステヴァ〔一九四一–〕の評論(32)が出版されたあと、アメリカでは広く普及しています。* しかしバタイユの分析がいかに当時の時事に深く関わっていたのかについては誰も理解しているようは思えません。彼の分析は強制収容所での実験を予示するものだったのです。イタリアの思想家ジョルジョ・アガンベン〔一九四二–〕は、『ホモ・サケル』（一九九七）(33)で「強制収容所のモスレム」たち〔極限状況の中で自分たちの生きる意志を失い、生存本能も失った人々〔本書一八七頁訳注参照〕〕の運命を検証したとき、いつのまにかこの問題にぶつかっていました。そしてそこから、「剝き出された生」は政治を生政治に** 変えたのだと結論づけました。ここでは話を本筋に戻しましょう。私たちがいま知っているようなバイオテクノロジーのようなものを、ナチス親衛隊はまだ持ち合わせていませんでした。しかし彼らは強制収容所で抑留者の身体の性質を変え、抑留者を下等人間のように取り扱うことで、**生物学的に**ナチスの政策を推進したのです。

(32) Julia Kristeva, *Powers of Horror: An Essay on Abjection*. New York: Columbia University Press, 1982. [*Pouvoirs de l'horreur. Essai sur l'abjection*, Paris : Seuil, 1980].（『恐怖の権力——「アブジェクシオン」試論』枝川昌雄訳、法政大学出版局、一九八四、新装版二〇一六）。〔アブジェクションについては本書一七六頁も参照〕

*セリーヌの処女作『夜の果ての旅』（一九三二）は、その言葉と筋立てにおいて大きなインパクトを文壇にもたらした。この小説でセリーヌは、従来の美文的な文学表現から外れていた俗語や地口などをリズミカルに駆使して、直接感覚に働きかける文体を生み出す一方で、筋立てでも従来とは一線を画する。主人公はいわゆる世間でいう「悪」であり、作品としてはロマン・ピカレスク（悪漢小説）といえるものだが、医師であったセリーヌの知的構成力によって、小説は人間の内部に隠されていた世界を見事なまでに明るみに作り出す。クリステヴァは、象徴機能に昇華する前（アブジェクト）の世界、言い換えれば記号世界の底に隠されていた世界というものに触れるところに、セリーヌの言語の力を見い出す。実際、私たちは人を好きなとき、一〇〇回好きと叫ぶより、笑顔で「あなたのことキライ」と言ってしまうように。

(33) Giorgio Agamben. *Homo Sacer*. Paris: Éditions du Seuil, 1997.（『ホモ・サケル』高桑和己訳、以文社、二〇〇三）

**人間の生は生物的な生（ゾーエ）と政治社会的な生（ビオス）で成り立っている。アガンベンは「剝き出された生」（人間の生から社会的な生を剝奪し、生物的な生だけを持つ例外状態）を作る主権権力のあり方を生政治と呼んでいる。

彼らは地獄へ続く門を開いたのです。

—『ナチスの医者とその犠牲者』（一九九九）という本の中で、ドイツ人ジャーナリストのエルンスト・クレー（一九四二-二〇一三）は、ユダヤ人グループへの執行に先立ち「肉の展示会のようなもの」を目撃したとされる強制収容所の囚人の話を引用し、次のように書いています。[34] ナチス親衛隊の医師は「馬の売人のように」目の前に並ばされた男女の腿やふくらはぎに触れ、まず前もって「最良の切り身」を選ぶ、そして研究所ではその切り身で「人間シチュー」を作り、バクテリアを培養したのだと。

（34）Ernst Klee, *La Médecine nazie et ses victimes*. Aix-en-Provence: Actes Sud, 1999.

それは本当に身の毛もよだつ話ですね。今後そういったことに加えて、人類の種を増殖させる可能性が現実のものになれば、人種差別主義をいっそう急加速させることになるでしょう。

アウシュヴィッツ・ビルケナウ

—現在、遺伝子操作は「生きた素材」を使って分子レベルで行われており、旧来の人種を廃棄しようとしています。そのとき指数関数的に増大するもの、私たちが手にするかもしれないものとは何でしょう。それは逆説的ながら、人種なき人種差別主義というものです。もちろんそうなれば、あらゆる遺伝子のさまざまな種を人類の内部と外部に作り出してしまうのは避けられません。

人類を越えた人種差別など想像もつかないことですが、遺伝子工学によって、これまで考えようもなかったことを考えなければならなくなっているのです。言い換えれば、倫理を飛び越える可能性を考えなければならなくなっているのです。実際にアウシュヴィッツでは倫理を越えてしまったことを私たちは知っています。私が考えるに、そこで人体実験を行ったヨーゼフ・メンゲレとは、彼に資金提供をした人たち、つまり大手製薬研究所の人たちによって目を曇らされた人物です。私たちが直面している謎を知りたければ、エルンスト・クレーの本は本当に重要です。メンゲレは社会生物学の始祖ゴールトンに遡ります。ゴールトンが広げた技術文化、バイオテクノロジー、そして双生児の研究といったことから考えれば、彼にはアングロ・サクソン的な進化論者の側面があるのです。

――メンゲレは人種生物学研究を行う「唯一の可能性」を求めて、ベルリンからアウシュヴィッツへ転任したのです。彼は自ら行っていたメンデルの遺伝法則研究のために、「人体材料」を上司であるカイザーヴィルヘルム研究所所長オトマー・フライヘル・フォン・フェアシューアー博士〔一八九六－一九六九〕に送り続けていました。そういった材料の中には、自ら手を下してジプシーから抉り取った異質染色質の一組の眼球や、チフスに感染させた双生児の解剖体などがありました――メンデルは、眼の色や病気といった物理的な特性は、変化せずに数世代にわたって一つの遺伝子を通して伝えられると仮定していたのです。その目的は「遺伝生物学の収集センター」を作ることでした。

メンゲレの実験はその後もまた行われています。それはバイオテクノロジーの隠れた起源なのです。

—世界は今、新しい方法でナチス化のプロセスを歩んでいる。そのことに人々はまだ気がついていないのかもしれませんね。

私たちはこの間ベルナール・シュラキ*が「惑星規模のホロコースト」と呼んだ事態を目撃してきているのです。そう呼ぶのも、アウシュヴィッツ・ビルケナウ強制収容所——親衛隊の研究所はビルケナウにありました——は、遺伝子組換えという点で、今日起きていることの先取りだったからです。ナチスの絶滅収容所——強制収容所というのはオーストラリアでは先住民族に対するものとしてありましたから、ナチスのそれは字義通りの強制収容所では決してありません——は、当時最大の遺伝子研究所だったのです。あらゆる企業が巨大医薬研究所に資金を流し込み、科学は私腹を肥やしていたのです。

＊一九四三―、アルジェリアのオラン生まれ。現代のさまざまなニヒリズムからの脱出を模索するユダヤ人自由思想家。

大量殺人

—二〇世紀に入ると、優生学はアメリカで活況を呈するようになりました。そして第二次大戦に入るまで盛況でした。一九四〇年にカイザーヴィルヘルム研究所を訪れたアメリカの著名な遺伝学者エリンジャー〔一八九二―一九七二〕は、ナチスドイツによるユダヤ人「劣性遺伝特性」の根絶計画とアメリカの黒人の取り扱いとを並べて考えていました。(35) もちろんアメリカでは、そういった事実はすぐに忘れ去られました。ナチスを悪者扱いするのは簡単ですから。しかし現在のアメリカの優生学がナチスの医者たちをお手本にして成立した事実を、脇に置いてはなりません。

(35) Stefan Kuehl, *The Nazi Connection: Eugenics, American racism and German National Socialism*. New York: Oxford University press, 1994, p. 60.

メンゲレは大量殺人を平然とこなした人物でした。ですからこれらの問題は、当然暴力の概念なしに語ることはできません。絶滅強制収容所の中で行われた蛮行は、ナチズムが行ったさまざまな暴力の一部であり、撒き散らされた数多くの暴力のうちの断片でした。強制収容所は、その内部に暴力を凝縮していた場所であり、実験室でもあったのです。ただ単にナチスの直接的な暴力と結びついていただけではなく、新しい種類の暴力を試す場でもあったのです。そしてその暴力は決して現在も収まってはいません。国家権力による個人への暴力と、個人による社会全体への暴力という二つの新しい形の暴力については最近の殺人映画や**大量殺人**の中にも見い出すことができるのです。そのことを私は『ランボー』*のような映画〔一九八四―二〇一九、全六作〕を題材に、『出来事の風景』（一九九六）(36) ですでに明らかにしました。私にとってランボーは、アンティゴーヌ、ドンキホーテ、ハムレットがそれぞれ悲劇や喜劇の原型であるように、大量殺人の原型です。それは大量殺人と手を携えているということです。ランボーは大量殺人の愛国的美化の極致なのです。

(36)Paul Virilio, *Un Paysage d'événements*. Paris: Galilée,1996.

＊ベトナム帰還兵である主人公ランボーは、捕虜になったときのトラウマを抱えてアメリカに戻る。帰還後彼は生き残った最後の戦友に会おうとするが、戦友もすでに亡くなっていた。折からの反戦運動の中で仕事もなかなか見い出せず、また語り合う友もなく、社会的な孤立状態を深めていた。町の保安官からは風体をしてならず者と目星をつけられ、まるで戦時中の捕囚時代のような扱いを受けてもいた。そうした中、突如としてトラウマが蘇り、保安官事務所に詰めていた全員を素手でなぎ倒し、山に逃げる。保安官は自らのプライドをかけて山に逃げ込んだランボーを生け捕りにしようとするが、偶然が重なり、ランボーの自己防衛は意図せずに大量殺人につながる。ここに見られる大量殺人は、個人の怨念や、イデオロギーによるものではなく、個人の社会的孤立と深く結びついたものだ。しかし同映画の第三作からは、前二作の裏返しとなる。前二作に対して非愛国的だという非難が高まったために、第三作からは社会的な孤立を救う手段として仮象の「敵」を作り上げ、その「敵」の存在がゆえに愛国心を暴走させて生まれる大量殺人の映画となっていく。

――コンサントレーション〔強制収容所＝凝縮〕には暴力がありますね。

コンサントレーション〔強制収容所＝凝縮〕という言葉はほとんど暴力を意味するものです。今その言葉はフランスでは閉ざされた場所での暴力を指すものとして使われています。通りで一人の男が他の男性や女性を襲うとき、私たちは彼を強盗とかレイプと呼びます。しかし複数の男たちが女性をレイプする目的で駐車場や地下室に集まるとき、私たちはそれを「強制集団暴力《コンサントレーション・バイオレンス》」と言っています。集団暴力には集団の密集が必要です。そして密集するには、空間の凝縮が必要なのです。

――オーストラリア人は集団暴行《ギャング・レイプ》のことを「パック・レイプ」と呼んでいます。パックという語には、「犬の群れ」

という意味とともに、「物を一緒に詰め込む」という意味も含まれていますね。

そのパックについてもう一言。私たちは暴力の「パッケージ」に、つまり、死に至るしかありえない究極の暴力のパッケージに直面しているのです。まさしく凝縮の瞬間は、極限に向かう動きなのです。

――私たちは先ほど収縮する世界の話を、そして世界を貧弱にした時間圧縮の話をしました。その圧縮という概念によって、至るところで目にする暴力の増大を説明できるかもしれません。群衆の理論家たち、ソレル、ギュスターヴ・ル・ボン、マクドゥーガルら*は、すでに二〇世紀初頭に同じようにそれを感じていました。当時、人々は田舎から都市に殺到し、手に負えないほどのひどい混乱を引き起こしていましたから…。

＊ソレル（一八四七－一九二二）は『暴力論』（一九〇八）で有名なフランスのアナルコ・サンディカリズムの理論的指導者。ギュスターヴ・ル・ボン（一八四一－一九三一）は『群衆心理』（一八九五）を著したフランスの社会心理学者。マクドゥーガル（一八七一－一九三八）は『集団心』（一九二〇）を著したイギリスの心理学者。

その通りですね、密集化が…。

――理論家である彼らの目には、都市の大衆はフランス革命時の大衆を思い起こさせるものでした。当時の都市の大衆もまた激怒し、まとまりを欠き、抑制の効かない、猛り狂う群衆でしたから。あのフロイトでさえ、第一次大戦直後に書かれた『集団心理と自我の分析』（一九二一）の中で間髪入れずに、われわれには父が、つまり暴力の脅威をチェックするリーダーが必要だと語っていました。ムッソリーニがちょうどイタリアで権力の座に就こうとする頃、つまり強制収容所がそれほど遠い先の話ではなかった時代のことです…。

メンゲレは密集化と集団効果をあてにしていました。そして強制収容所でそれを開花させた人物たちの一人です。実際、彼らは北海に墜落した操縦士たちを救うために冷水水没実験*を行ったのですが、これは多くのドイツ空軍パイロットを救う人道目的として、強制収容所内の浴槽で行われていたのです。同様の実験はドイツ国防軍の兵士たちのためにも行われていました。これらのおぞましい実験――**人体実験装置**といえるような強制収容所内での実験――は、決して誰も語らない、密集化と集団効果のための実地応用であったことは確かです…。

*撃墜され北海に落ちたパイロットは、冷たい海水にさらされ凍死することがあった。そこで低体温状態に陥った人間を蘇生させる実験が行われた。耐寒飛行服を着せられた収容所内の被験者は氷水のタンクに最大で五時間漬けられたあと、さまざまな方法で体を温められ、体温測定や血液採取などに回されたが、これにより約九〇人の死者が出た。その死体解剖も行われている。一方、ロシアの寒冷地でドイツ国防軍が苦戦していたことから、ナチスの最高司令部の命令により、ロシア人が耐寒能力に勝っているかどうかを知るための、ロシア人捕虜に対する冷凍・低体温症実験も行われた。

人体実験

――ナチス強制収容所の関連資料を集め、それまで知られていなかった事実を掘り起こしたエルンスト・クレーも、ドイツ国防軍が行ったさまざまなタイプの人体実験を簡潔に分類し書き出しています。たとえば、弾道テスト（人間の頭部を使った銃弾の爆発実験）、ラーフェンスブリュック強制収容所で女性を対象に行われた硫酸類塗布実験

（「戦闘物質」塗布実験と呼ばれた）、あるいは人体へのガソリン注入、人体燃焼実験、ピクリン酸の注入によって黄疸症状を引き起こすシミュレーション実験、人体解剖、子どもを対象にした低圧室での実験などなど…。こういった実験によって、大多数の人体モルモットは死に、一方で、実験に加わった多くのナチスの医者たちは戦後輝かしい経歴を歩んだのです。私たちはナチスの生物学や生物学者についての話はよくするのですが、ナチスの持つ知識がこのように紹介され、知られることはほとんどありません。

私たちの友人ジェラール・ラビノヴィッチ（一九四八－、フランスの哲学者・社会学者）は、一〇数年前に、有名なユダヤ系新聞に或る記事を寄稿しました。そこに彼はこう書いています。われわれはナチスを馬鹿だと考えるべきではない。それどころかナチスは異常に知的です。悪いのはそのことなのです、と。

――戦後ドイツの科学は、それほど輝かしいものではありませんでしたね。

それらはすべて輸出されたからです。戦時中に液体燃料の弾道ミサイルＶ２ロケットを開発し（一九四四）、戦後はアメリカに行ってアメリカ航空宇宙局（ＮＡＳＡ）で中心的な役割を果たしたフォン・ブラウン（一九一二－七七）のようにね…。ともかくドイツの場合は、ロケットに限られた話ではありません。優生学の分野についていえば、アメリカ合衆国や北欧諸国など多くの国でその研究が始まったばかりの時期に、ドイツではすでに爆発的な発展を遂げていたのです。もちろんフランスの優れた優生学者たちもその頃仕事を開始したばかりでした…。

—アレクシス・カレル〔一八七三－一九四四、フランスの外科医・生理学者。一九〇五年渡米〕のことですね。

そうです。

—一九一二年にノーベル医学・生理学賞に輝いた彼は、器官移植を可能にする技術を発明しています。ニワトリの心臓の一部を体外に取り出し、自ら設計したフラスコの中の栄養培地に置き、その寿命を超えるほどの長期間にわたりニワトリを生かし続けることに成功した人です。彼はナチスを賛美したこともありました。友人であり共同研究者でもあった大西洋単独無着陸飛行で名高いチャールズ・リンドバーグ〔一九〇二－七四、アメリカの飛行家〕と同じようにナチスドイツの政策を称賛したことがあったのです。結局そういったことも関係して、アメリカではあまり受け入れられず、晩年にはフランスに戻りましたね。

奇形学

カレルは一九四四年に没しましたが戦後もまだ大立者で通っていました。今日、優生学の問題が曖昧なまま隠されているのは、巨大な多国籍遺伝子工学企業が遺伝学を重要な拠り所にしているからです。実際に遺伝学がまだ遺伝学として、科学としてあり続けているのかはわかりません。それは物理学の一分野なのでしょうか？　それとも医学の一分野なのでしょうか？　あるいは生物物理学の一分野なのでしょうか？　はたまた芸術《アート》＝技術の一分野なのでしょうか？　もし、遺伝学はアートであると答えるなら、私たちはさまざまな種を作り出す可能性を受け入れることになるでしょう。言い換えれば、様式《スタイル》を創造する可能性、生命の様式を創造する可能性、さまざまな**生命の種類**《ライフスタイル》を創造する可能性を受け入れることになるでしょう。私が様式＝種類という言葉を使うのは、アートの歴史――カッコつきの「歴史」ということですが――には、さまざまな様式＝種類、たとえば印象主義、キュビズム、モダニズム、ポストモダニズム、あるいはお好みの何々様式といったものがあるからです。それを踏まえて生物学は奇形学《テラトロジー》になっていると私は言っているのです。モンスターの創造は単なる行きすぎではなく、**プロジェクト**です。ですから奇形学《テラトロジー》は、芸術上の表現主義様式といえるのです。正確を期せば、アートとして考えられている科学上の、さらにいえば、アートとして考えられている遺伝学上の、表現主義的フォルムといえるのです。まさしくピカソ〔一八八一－一九七三〕の作品のように、奇形学《テラトロジー》はあらゆる種類の、表現の自由の現れなのです。少し大げさに言ってみれば、実験室の中では、このようにして点描主義的な生き物を、あるいはキュビズム的な生き物を、果ては遺伝子オペラ*に至るような生き物を作り出すという考えが生まれてくるのでしょう。つまりファッションから何物かが作り出されるとすれば、ここではファッションが生体現象となるのです。しかしファッションには流行り廃りがあることを私たちは知っています。私たちは今、このような形で人類の変異に手を染めているのです。すでにクローン牛の研究で私たちはそれを目撃しています。それは言うなれば上半身が人間で下半身が馬のケンタウロスや、ミノタウロス[37]のようなものです。

＊オペラはさまざまパートが組み合わされて一つの作品を作り上げる。それと同じようにさまざまな遺伝子が組み合わされて作られる生き物を遺伝子オペラと表現している。

(37)ミノタウロスは人間の肉を食らう頭が雄牛で体が人間のギリシャ神話に出てくる怪物。

―科学は頭のないネズミやオタマジャクシを作るだけにとどまらず（実際テキサスの研究者は胚の段階で頭を形成する遺伝子を削除しています）、すでにマウスの背中に人間の耳を移植し、ニワトリの遺伝子を使って「アーノルド・シュワルツェネッガー豚」を作り出しています。これは遺伝子の「芸術的」側面といえます。実際のところ、科学はすでに芸術よりも遥か先を行っているように思えます。そしてこういった実験が可能であるとすれば、いま現在も、すでに、どこかで、直ちに、実験は推し進められていることに疑いの余地はありません。

それは確かだと思います。あなたも行かれたネバダ州の五一地区*の空飛ぶ円盤の話で、私たちは十分長いあいだボコボコと殴られてきました。私が言いたいのは、今日再び、数十年の時を隔て、そういったマヤカシを目にすることの驚きです。科学は小さな「緑色の人間」を外部空間から私たちのもとに引き寄せているのです。しかし私たちはよく知っています。現在では「緑色の人間」は、至るところで行われている研究所内での実験プロセスの中にいるのだということを…。

＊ネバダ核実験場に隣接する場所にあり、アメリカ軍の機密飛行機の実験をしていると目されている立ち入り制限のかけられた基地。ＵＦＯや宇宙人の出現の噂が広まって（広められて？）いる地区でもある。

―エイリアンは私たちの中にいると…。

ハイブリッド人間化や人間クローン化などまだ始まっていない、そう主張できる人はどれだけいるでしょうか？　あるいは、アメリカがやったことを目にすれば――アメリカと言いましたがフランスも同じです――、つまり原爆実験によって自分たちの市民に放射能を浴びせるようなことを目にすれば、五〇年後の今日、同じことが二度と起きないと信じている人はどれだけいるでしょうか？

――「アウシュヴィッツの研究所」は、すでに戦争の一形態でした。しかもそれは人類に対する戦争でした。戦争は科学という新しい経路を通って行われたのです。そして科学は今もまだ戦争状態です。強制収容所の主任医官メンゲレは助手に向かって、「友よ、こういったことはどんどん行われ続けるのだ、これからも次々と」と言っていました。

優生主義、「優生」種、アウシュヴィッツといったものが存在しなかったとすれば、そして新しい遺伝子操作の背後にそれらの残滓がなかったとすれば、「**どの程度まで？**」あるいは「**どの地点まで？**」と自問をする必要などないでしょう。しかし私たちが今日「どの程度まで」と言うとき、それはアウシュヴィッツに至ることを意味しているのです。結局はそこまで到達することを意味しているのです。そんなことなど許せるわけがありません。

強制収容所のアート

―遺伝学は、自らがたどってきた残酷性をもはや覚えてはいません。これこそ、遺伝学の最も危険なところかもしれません。つまり遺伝学は今やどこにでもありそうな残酷性の一つにすぎなくなっているのかもしれないのです。私たちが、こういったものだと認知することも表現することもできないような残酷性の一つとして…。

大虐殺ではなく、凡庸な悪だという風にね。

―そのプロジェクトはアウシュヴィッツ・ビルケナウで始まりました。それは強制収容所の芸術《アート》＝技術と呼べるでしょう。

そうです。技術《アート》が持つテロリスト的な側面は、すでにファシズムの胎内にあったのです。ヨーゼフ・メンゲレの明確な目標、そして彼が実行した「身体技術《アート》」は、人間をより優れた美学的事物にしようという考えに基づくものでした。私たちは美学の次元を考慮に入れなければ、強制収容所を真に知ることはできないでしょう。その美学的側面は用意周到に作為されたもので、アーリア人信仰の一部を作り上げていました。

―アーリア的な芸術《アート》は至るところで展示されていました。それは巨大で、新古典主義的で、理想化されたものでした。ナチス親衛隊が実験室で行ったもう一つのアートの側面は、隠されたままでした。私たちがナチスの美学の実際を知りたければ、アートという語が持つ、技術と芸術という二つの語義を一つに結びつけなければなりません。

「人間の研究」の発展によって、もはや今日では、メンゲレが行ったような双生児に対する人体実験にではなく、**人間そのものを実験すること**に行き着いています。人間を生み出し、**創造する**という表現の自由は、今や子孫を作らない自由に行き着いているのです。今、私たちは一つの宗教的な次元を、科学者の神格化を、つまり生き物の再創造という創造主の衝動を目にしているのです。科学はアートになってしまったのです。そこにあるのは科学のアートです。それは科学の終焉であり、またおそらくはアートの終焉です。科学のアートによって様式化されたさまざまな表現が生物学的創造と結びつき、生きた物質から自由になったとき、アートは明白に終末を迎え、科学が創造主となるでしょう。すると人間はもはや特異な存在ではなくなるでしょう。人間はクリエイターの産物になるのです。しかしそれは大義なき創造主による産物なのです。もはや一神論ではなく、多神論となり、会社が創造主となるでしょう。アメリカの遺伝子組換え産業等の多国籍バイオ科学企業モンサント社〔二〇一八年にドイツの薬品メーカー、バイエルにより買収され現在名前は残っていない〕やスイスの医薬品会社ノヴァーティス社といった超大手企業がプログラムを作ることになり…、私たちは生物学を捨て去り、奇形学《テラトロジー》の王国に入りつつあるのだと思います。言い換えれば、それらがモンスターたちの創造に手を染めているのです。

――人間となるであろうモンスターたちの……。

人間となり、生きた生体となるであろうモンスターたちを作り始めているのです。芸術《アート》を特徴づけてきたのは創造です。神聖なアートはそれを理想とし、創造衝動にお墨付きを与えていたのです。しかし今日、その衝動はもはや神聖なものではなく、世俗的なものとなっているのです。そして最終的には冒瀆的身体が問題になるのではなく、冒瀆された身体が問題となっているのです。冒瀆された身体は、**ホモ・サケル***と犠牲〔社会的生と生物的生の排除〕を通して、聖化された者たち〔という社会的な象徴システムの内部に場〕を見つけるのです。神聖なアートの創造衝動は、今では遺伝子組換え技術《アート》やその他の関連領域に移行してしまったと私は考えています。

*ローマ時代において、社会的生から排除され、掟の外側で生物的生を生きる人間を指す。社会的秩序の掟には外部としてしか組み入れられず、そのためその掟の内側にいる人間に殺害されても、殺害者に罪は問われない存在。

身体アート

――ここ二〇年間、世界中の美術館やギャラリーにおいては、ジェンダー研究や精神分析の名を借りた、断片化され、グロテスク化され、誇張化された怪物のような身体の展示表現が著しく増えています。そういった作品が激増しているのは、それまで「抑圧」されてきた何ものかが立ち戻っているというよりも、私には身体が消失しつつある兆候のように、あるいは危険にさらされた身体に対する初期消火の現れのように思えるのですが。

現在の身体アートを見るとき、またヒト遺伝子に対して行われている研究を見るとき、私たちは遺伝子操作技術《アート》が今にも始まろうとしていることを忘れてはなりません。遺伝子操作技術《アート》とは、人体アート、バイオテクノロジー・アートであり、もはや壁に貼りつけられた絵のようなアートではありません。それはメンゲレの夢、すなわちただ単なる生物学のアートではなく、生物学そのものをアートにすること、つまり奇形学《テラトロジー》であり、モンスターを作り出すアートなのです。このアートがいかなる犠牲を払ってでも人間のクローンを作りたがっているのを目にするとき、私たちがそこに見ているのは、もはや芸術的な天才ではなく、**遺伝子操作工学**なのです。この遺伝子操作工学によって自分自身の身体改造を志願するいく人かの身体芸術家を私たちは目にしています。最も知られているのは、自分の遺伝子細胞を使うフランスの女性アーティスト、オルラン〔一九四七－〕と、私の友人で身体改造を行っているステラーク〔一九四六－、キプロス生まれのオーストラリア人〕の二人組でしょう。

――あなたは「私の友人のステラーク」と仰しゃっていますが、彼とはまったく意見が違うように思えますが。

ええ、私たちはまったく正反対です。でも、ステラークは驚くほど知性的で、私が建築専門校の名誉教授に指名されたとき、そのセレモニーに来てくれたことをとても誇りに思っています。彼もまた未来派です。彼は、今のままの人体では宇宙に到達できないと言っていました。彼や彼の周りにいる人々は、人間は生き残るために変身しなければならない、それも自分の意志で、自力で変わらねばならないと考えています。ですからステラークの背後に、宇宙飛行士の考えを見ることができるのです。そういった考えをジャン・フランソワ・リオタール〔一九二四–九八〕も『非人間的なもの』（一九九二）[38]で取り上げています。実際、重力脱出速度を獲得した結果として、非人間的なことも実際に起きています。*ともかくそれがもたらす自由を得ることによって、私たちは宇宙飛行士になったのです。それ以降、私たちは深海に向かうダイバーと同じように、自らの生体組織のままで生き延びることはできなくなっているのです。空間の征服は身体に脱肉体化を、すなわち地球のボディーと人間のボディーに脱肉体化をもたらし、実物世界と実物身体の解体につながるものです。私が思うのに、これはエコロジーの大問題です。エコロジーはまだこの問題に手を着けておらず、したがってそれほど議論が進んでいません。しかし、空間の征服は、超人よりもむしろ人間に深く関わる何かを開示しているのです。

(38) Jean-François Lyotard, *The Unhuman*. Palo Alto: Stanford University Press, 1992. [*L'Inhumain: Causeries sur le temps*, Paris, Galilée, 1988].（『非人間的なもの——時間についての講話』篠原資明・上村博・平芳幸浩訳、法政大学出版局、二〇〇二）

*事実、二〇一八年一二月の時点で、宇宙飛行中（訓練などを除く）に死亡した宇宙飛行士は一八人にのぼり、全宇宙飛行士の三・二パーセントに当たる。

——そしてそういった時期に、自分の身体をいじるオルランが現れたということですね。

オルランが自分の身体を改造する何年も前のことですが、彼女は私を、クポール〔文化人が集まるモンパルナスのカフェ〕の裏手にある自分のスタジオに招き、自分のフォト・モンタージュや展示作品《インスタレーション》——そこでは彼女は、まるで思いつくままやっているかのように、聖母マリアやマドンナ〔一九五八–、人気歌手〉やバロック趣味の人物などを演じていました――をいくつか見せてくれました。そしてその訪問の最後に、「いずれは美容整形外科施術を受けようと思っている」と、そう私に言ったのです。「ねえ、あなたどう思う?」と聞いてきたので、「それはあまり好きじゃないよ」と答えました。彼女自身の肉体的な統合性を危険にさらすことは、そんなにいいアイデアだとは思わなかったのです。そのとき彼女はこう答えました。「私は自由よ」と。芸術家は表現の自由を守らなければいけません。そこで私はこう言いました。「聞いて、オルラン。君がやりたいことをやるのは何であれ自由さ。たとえ自殺を犯すことだってね。誰だって自殺できるよ。窓がありさえすればね。でもぼくは君にどうぞと勧める自由はない。ぼくの言っていること、わかるよね」。彼女は納得しませんでした。それは耐えがたいことです。「やってみたら」と言う権利を持つとすれば、その瞬間は私にとって拷問でしかありません。アルジェリアで拷問をしていたフランスの将軍たちは[39]、新聞や自身の本の中でそれを自慢していましたが、そんな冷血漢にはなれません。そういえば芸術史にも、おかしなことがありますね。この前、私はリセ〔フランスの公立後期中等教育＝日本の高校〕で教えている現代芸術史の先生と会ったのですが、彼は私にこう言っていました。「自傷行為に出会うと、芸術史を教えることに戸惑いを覚えるよ…」とね。

(39) ここではオサレス将軍（一九一八－二〇一三）を示唆している。彼は自分が特権階級として保護されているのをよいことに、アルジェリアで捕虜に組織的な拷問を加え、そのことを自慢していた。しかし最終的には「暴力擁護」の罪で二〇〇一年に断罪された。彼の回想録は *Pour la France: Services speciaux: 1942–1954*. Paris: Plon, 2001.

――先史時代の洞窟壁画に見られる、切断された手の痕跡にまで遡ることができそうですね…。

たしかに。でも私は子どもたちに「さあこのカミソリを手に取ってやってみたら」とは言えません。

―もちろんそんなことは言えません。私は時々学校でサド侯爵〔一七四〇－一八一四〕を教えてはいますが。それにヴァン・ゴッホ〔一八五三－九〇〕も…。

ヴァン・ゴッホが自殺を図り、自分の耳を切り取るのは彼の自由です。それは教唆されたわけではないのですから。しかし別れた恋人はこう言っています。「**あなたが**そうするのは自由です。でも私は…自由ではないわ」と。なぜなら彼女自身が拷問にかけられる側になるのですから。同じように、生体組織の改変をアートにするなんてまったく考えられないことです。なぜならそれは、**元に戻れないこと**を意味するのですから。それは仮装や映画用のメーキャップとはわけが違うのです。それは本当の形質変換なのです。そしてこの体の改変は、必然的に優生学を推進させるのです。たとえオルランをはじめとする人々が優生主義者でないにしても、彼女らはそこに向かう道に私たちを引き入れることになるのです。ですからオルラン自身はそのモルモットです。彼女自身が芸術の主体であり作品であるとしても、それでもなお、彼女は将来のメンゲレたちにドアを開いているのです。

極限科学

―しかし小粒なメンゲレたちの群れがそこに駆け込む前に、オルランのようにドアを開けてそれを見せた方がよいのではないですか？　ジャック・ラカンはいつも次のように言っていました。ちょうどペンでクエッション・マークをなぞり疑問を提起するように、精神病理学者シャルコー（一八二五－九三）のヒステリー研究は、生身のヒステリー患者の身体そのものを使って、医学の権威者たちに問題提起を行ったのだと。**既成事実**と対決するより、実際にいま肉体に起きていることについて、公の場で考えるよう呼びかける方がよいのではないでしょうか？　オルランが最も知られるようになったのは彼女自身のこめかみに埋め込まれた移植によってですが、彼女は、あなたがやっていることとまったく同じことを、別のやり方でやっている一つのケースとはいえないでしょうか。バイオテクノロジーへのハードルを上げるために、自らの体で、前もって、今後すぐにでも起こりそうな目も眩むような変異を、展示によって知らせようとしているのではないでしょうか？　おそらく彼女はアントナン・アルトーに倣い、自分自身のパフォーマンスを（外科手術という）身体介入を通して提示することで、そしてまた、手術室を「手術劇場」として展示することで、そういった現状を捉えられるようにしているのです。それにしても、芸術の終焉と科学技術の始まりにたどり着き、現実と表現が融合している今、芸術はいまだ予言機能を持ちうるのでしょうか？

表現から即物表象へと向かうことは、距離を失うことを意味しています。現在、世界中で距離の汚染とともにこういった種類の平準化が起きているのです。最新の芸術は物質をそのまま素材として取り上げる芸術です。色素とかではなく、普通の広い意味での物質です。実際私たちは今、岩や木といった自然の素材をそのまま使った**ランド・アート**の広がりを目撃しているのです。

—それは動物（生物）的身体と領土的身体の崩壊ですね。それが神話の核心ですね。

ランド・アートは要するに物体です。芸術の素材は、もはや絵画、彫塑、建築ではなく、また彫刻でも色でも色素でもないのです。芸術の素材は生きた生体組織そのものになっているのです。ここでもう一度問いかけてみましょう。「一体、どこまで」と？

—それは限界の問題ですね。極限スポーツと同じように**極限科学**にはハッキリとしたルールがあるのでしょうか？また、なぜ私たちはそれに「極限」という語をつけて呼ぶのでしょう？　どうやらそう呼ぶのは、そこでは厳格な安全対策が取られておらず、しかも損傷や切断や死に至るかもしれない事故や逸脱が予測されているからではないでしょうか。そしてそういった事故や逸脱がどのようなものであれ、その結末を受け入れる準備ができているからではないでしょうか。強制収容所は極限の実験ともいえるのです。ただしそれは捕囚に押しつけられた、確実に死という結末を伴う実験でした。しかもナチスの場合、ローマ時代のゲームや闘技といった公衆の見世物とはまったく異なり、それを秘密にして隠し続けました。

ローマ時代には、円形競技場の闘技は文化的に受け入れられていました。しかし現在なら、人類に対する犯罪として、あらゆる人々がそれに異議申立てをするでしょう。

—極限スポーツでは少なくとも、極限状態がどこで解除されるか中断されるかを前もって知っています。この場合、さらなる注意を払い、損傷を食い止めることができます。一方、最悪なのは限界をすでに超えてしまっていることがわからない場合です。もっとひどいのは、もはや限界というものがなくなってしまった場合です。生きた生体に科学技術を接合すると、極限アートに、アートの極限に、あるいはもはやアートとは何の関係もない純然たる極限に至ってしまいます…。

私たちは相変わらず瀬戸際にいます。アートは自らを汚染しているのです。そして汚染から生まれた奇形学《テラトロジー》を手にしているのです。電磁波汚染、化学汚染、大気や水の汚染、それらはすべてアートの一形態なのです。それらは表現主義的なアートとして、アートの一形態をなすものです。

―でも私たちはすでに閾値を越えてしまっているのではないでしょうか？　すでに私たちはあらゆる形でこのパラダイムに身を投じています。医薬品で、人工補綴具で、また移植によって、私たちは自らの身体に介入しています。あるいは身体を整形外科手術で変形させています。個人のアイデンティティという概念、さらには種のアイデンティティすら、どんどん不確かなものになっています。周りを見ればわかりますが、あらゆるところで形質変換のメカニズムが実動しています。ウィスコンシン州にあるバイオテクノロジー会社インフリジェンは、一部人間のクローン子牛を作りました。一部人間とは、子牛の乳の中に人間のたんぱく質ができるように、子牛の遺伝子構成に人間のDNAを組み込んだものを指します。多くの人間向けの生成物や器官も、今まさにそういったやり方で、農場で養殖されようとしているのです。こういった事態を前にして、歴史学者フランシス・フクヤマ〔一九五二―〕は、すでに人間の遺伝子とその他の多くの種の遺伝子とを混合しつつある私たちにとって、人間とは何かを知ることは徐々に難しくなっていくだろう(40)と、警告を発しています。アートの世界では極端なものが溢れています。私はアンヌ・エスペレ〔一九七六―〕という若いフランス人アーティストと会ったことがあるのですが、彼女は自己優生学

に少し手を染め、来たるべきユートピアに見合うよう身体に技術的な改変を加えようと考えていました。ちょうど
オルランの仕事と同じように、将来の実験飛行のようなものを想定した上で、個人の遺伝子を選択する試みでした。
それを実現するために、彼女はまず屠殺場とコンタクトを取り、豚や牛などから取り出したパーツを選び出しました。
そして肺の断片をはじめとするさまざまなパーツを、まるで奇怪な人間の姿ように配置し、電気を使ってアートと
して再構成したのです。彼女の作り出した「生物フィクション」の姿は、いくら控えめに言っても、不安を引き起
こすような代物です。とはいえ、解剖した動物のさまざまな断片の上に目を浮かせている大きな子牛のようなその
姿は、単なる漫画にも見えるものですが…。

(40) Francis Fukuyama, *Our Post-Human Future*, New York: Farrar, Straus and Giroux, 2002.(『人間の終わり――バイオテクノロジーは
なぜ危険か』鈴木淑美訳、ダイヤモンド社、二〇〇二)

それは恐ろしいことだと思います。 アブジェクションのアートの兆しですね。

*アブジェクトとは「サブ・ジェクト＝主体」と「オブ・ジェクト＝客体」が分離する以前の状態を指す。その主客の未分化状態
がもたらす怖れやおぞましさと同時に生まれる、名づけえない魅力を提示した芸術作品を「アブジェクト・アート」という。

アブジェクション

――ただ、エスペレの場合、「アブジェクト・アート」に手を染めて最終的には排泄物のようなムカつかせるものを
模造することでアブジェクションを**作品化**した一九八〇年代のアメリカ人アーティストたちとは正反対です。エス
ペレが行ったような「アート」は、そのほとんどがそれとは反対の道をたどりました。それらはカラフルで、敏活で、

パステル・ピンクで、自分自身の、あるいはやがて現れる怪物性のパロディーのようでした。

実践なくしてアートが成り立たないことはもちろんですが、しかしそのために生来の身体を切り刻み、それを再構成するというのは…。

—そうです。明らかにそれに先立つ時代のものが脳裏に浮かびます。強制収容所で行われていた「人体工芸」です。洗濯物のように物干し綱に伸ばされ「ギフト品目」になるのを待つ刺青皮膚、あるいは親衛隊の士官たちの机を飾る人間の頭蓋骨、縮んだ頭、ニスを塗られた内臓器官、こういったものを思い起こさずにはいられません。実際、ブーヘンヴァルトのナチス強制収容所が解放されたとき、こういったすべての「作品」がアメリカ軍によって戸外展示されたのです。それは強制収容所で初めての「美術博物館」でした。

それを聞いて、一九九七年にマンハイム〔ドイツ南部〕で行われたグンター・フォン・ハーゲンス博士〔一九四五－〕による研究用死体の展示を思い出しました。彼のやったことも同じ論理に従っています。彼は人間の死体をプラスチック保存してシュールレアリスト風に展示しました。(41) その展示品自体は何ら問題を引き起こすことはありませんでした。しかしフォン・ハーゲンスはその展示をドイツという地で、そしてまたスウェーデンの「仕事の博物館」〔日常生活の中にある仕事をテーマとした博物館〕の立ち上げのときにもやったのです。そういった場所での展示はナチスを想起させという点で問題でした。それは、チャンスが与えられれば、将来研究室において遺伝子操作で人間をプログラムし、新種の**前衛的**《アヴァンギャルド》な人類が作り出される可能性を予示することにもなるのです。

(41) Didier Pavy, "Les écorchés du docteur von Hagens." in *Nouvel Observateur*, October 2001.

―バロックの時代には、身体を展示することは芸術的であると同時に医学的なものでした。しかし今後は、それらすべてが最終的には「奇形展示《フリーク》ショー」になってしまうかもしれないことを恐れています。すでにレザー光線で一ミリ厚にスライスされた死体の内部を散策する３ＤのＣＤ[42]を、誰もが手にすることができるのですから。今日の科学と芸術はエンターテイメントと融合しようとしています。

(42) *Visible Human Collection,* by Research Systems, Boulder, Colorado, 2000.

現代アートで起きていることを見ると、そこでは遺伝子操作やクローンがまさしくアートの一形態だと考えられ始めているように思えます。言い換えれば「表現の自由」の一形態だと考えられ始めているのではないでしょうか。しかし、科学が君臨する王国で、表現の自由はどこで立ち止まるのでしょう? もし止まらないとすれば、メンゲレは予言者になってしまいます…。

遺伝子組換えアート

―ここ数年のあいだ、生物アートがアート・**カルチャー**を発展させています。私は「カルチャー」という言葉を、ここでは生物学的な文脈の意味で、もう少し正確にいえばバクテリアの培養《カルチャー》という文脈の意味で使っています。ブラジルのアーティスト、エドワルド・カック*をご存じですね…。

＊一九六二－。遺伝子組換えによって自然界に存在しない緑色のウサギを作り出したアーティスト。二〇〇〇年に行われたこの試みには、遺伝子、生体、環境の問題を考えるだけでなく、生物多様性を認め、種の壁を越えた相互尊重を目指すという社会統合的な射程も含まれている。http://www.ekac.org/gfpbunny.html#gfpbunnyanchor 参照。

遺伝子組換えウサギですね…。

—ええ、緑色蛍光タンパク質（GFP）のウサギ、アルバを造った人物です。それより以前にカックは蛍光ドッグを造りましたが、その犬を社会の中に統合・吸収する（それもプロジェクトの一部なのですが）という点で、ちょっと厄介な倫理問題を引き起こしもしました。二〇〇一年に彼は「八日目」という作品を作りました。その作品名は、神が世界を創造した七日目にさらなる改良を加えるという意図を表しているのではないか思います。ところでこの作品は、「数匹のハツカネズミとGFP魚」、そして「植物とGFPアメーバ」がアートという名のもとにインターネットでつながれている生体ロボットです。生体メカニズムへの直接操作によって造られた完全な小宇宙です。とはいえ、生体アートは、大抵の場合は生体そのものに働きかけるというよりも、むしろ生命メカニズムに働きかけることが多く、そういったプロジェクトのいくつかは、アートというよりむしろ極めて科学に近いように思えます。生体アートの「見習い魔術師」の一人として、イギリス人のマイケル・パント〔一九四六－〕を取り上げてみましょう。彼は魚の神経束《ニューロン》から出る電気信号を「魚とチップ」と呼ばれるコンピュータに伝送し、「半生命芸術体」を造り出しました。また、同じくイギリス人のポール・ペリー〔一九五六－〕というもう一人の「見習い魔術師」は、自分の血液から取り出した白血球を癌にかかったマウス細胞に組み込み、「ハイブリドーマ」〔複数の細胞が融合してできた融合細胞」と呼ばれる雑種細胞、つまり新しい不死細胞を造り出そうとしているのです。(43) これらの実験は、私たちがふつう「アート」と呼んでいるものとは縁もゆかりもありません。とはいえ、アートとして展示されているものにそういった種類の区別を持ち込むことは、その時点ですでにアートとして展示されている以上、ほとんど意味がありませんが。ともかく、遺伝子組換えアートは、現在、その他のアートの仲間に数え入れられようとしており、「拡張された」芸術になると目されているように思えます。ちょうど現実が人工頭脳学《サイバネティクス》によって「拡張されている」のと事情は同じではないでしょうか。

(43) On "biological art," see the special issue of *Art Press*, February 2002, particularly Dominique Lestel's article, "The Artistic Manipulation of the Living."

神話の再発明

いいえ、一般的にはそう考えられますが、実際には、遺伝子組換えアートは外側からではなく、内側から他のアートを変えているのです。なぜならその中心あるのは、ヒトの全遺伝情報地図なのですから。私たちは遺伝学を他の科学と並立するものと考えることはできません。遺伝学は他のすべての科学の内側にあるからです。遺伝学は科学の源に、つまり生命体とそれについての知識に焦点を合わせる方法なのです。そういう意味では、遺伝子組換え技術《アート》は自分の尻尾を呑み込むヘビのようなものです。科学は再び神話になりつつあるのです。理性を強化するどころか、無秩序と魔術を歓迎し、何から何まで造り出す工場を勝手に作り出そうとしている。まるでギリシャ神話の創造神デミウルゴスのように、半人半馬の怪物ケンタウロスのようなものを造ろうと…。錬金術師は科学を生み出す手助けをしました。そして私たちはその錬金術を乗り越えてきたのですが…。

―科学という手段によってですね…。

実験科学は物語とは対極にあるもの、キメラ〔頭はライオン、胴はヤギ、尾はヘビできた怪獣〕や神話とは対極にあるものです。科学はその合理的な立ち位置によって、徐々に錬金術や魔術から科学自身を解放してきました。しかし現在、知識は致命的に傷んでいます。錬金術師に反対するどころか、科学は再び錬金術師になろうとしている。演算や遺伝子爆弾を偶像化することによって、私たちは錬金術へと連れ戻されているのです。遺伝子組換え技術《アート》が他の技術《アート》と同じような技術《アート》の一つだというのはとんでもない話です。なぜなら遺伝子組換え技術《アート》は他の技術《アート》の**源**を絶滅させるからです。生体は置き換えることができないものです。生体は遺伝子組換え技術《アート》が作り出すものと同じ性質を持つものではありません。まさに今、科学者たちはこう言っています。「たしかにその通り。しかし生体はもう乗り越えられた」と。ですから、私は彼らにこう投げ返すのです。「よろしい。だからあなたたちは、私たちはデミウルゴスの領域を侵し、偉大な神話世界に立ち戻らねばならないと言うのですね」と。科学は再び神話を発明しようとしているのです。そして再び譫妄状態が始まるのです。

―しかもそれを止めようとは決してしないでしょう。科学自身の客観性という作り話は神話だったのですね。

私が言わんとしているのは、今日私たちは演算力によってキメラや超人神話に立ち戻るよう導かれているのだということです。ただ、超人といってもニーチェが言うような超人ではなく、奇形学《テラトロジー》が生み出す超人ですが。

――あなたは精液の遺伝子操作による不妊化を「死のテクノロジー」と呼んでいますね。「優越種」という理論は、ちょうど単一栽培が遺伝子プールを枯渇させ、その結果病気に対する植物の抵抗力を衰えさせるのと同じように、体内にある種の荒廃を引き起こし、実際に金髪のアーリア人をも廃れさせるのです。それこそパラドックスですね。

そうです。アーリア人も根絶やしになっていたかもしれません。単一栽培は生物多様性の終末なのです。そう考えると遺伝子組換えをしているモンサント社の研究がわかってきます。カンボジア人に起きたこと〔一九七〇年代後半、ポル・ポト（一九二八－九八）政権による数百万人規模の大量虐殺〕は、ドイツ人にも起こりえたことです。カンボジアという小さな地域で実際に起きた異様なことは、自己削除、国家そのものの自殺です。それは単なる恐怖政治ではなかったのです。彼らはあらゆる人の首を切りました。そして最終的に処刑はギロチンで首を落とすやり方が取られたのです。ギロチンというのは、フランス人には原イメージとして刻み込まれているコンコルド広場でのルイ一六世〔一七五四－九三〕の処刑に使われたあの道具です。それを使ってカンボジアでは一〇〇万人あるいは二〇〇万人という規模で処刑がなされたのです。もしベトナム人が現れなかったら、カンボジア人は一人も生き残らなかったかもしれません。もしドイツが戦争に勝っていたら、ドイツ人も同じことになっていたはずです。ナチスドイツは手始めにジプシー、同性愛者、ユダヤ人などの抹殺を始めました。彼らの論理からすれば、その先で、メガネをかけたドイツ人や、長髪のドイツ人を、そしてその後は手当たり次第にあらゆるドイツ人を抹殺し続けていたに違いありません。

―それは**自殺国家**に見られる行動様式ですね。

彼らは絶滅機械を起動させたのです。そしてこの機械は、現在もまだ稼働し続けているのです。

安楽死・知覚麻痺

―とはいえ、大量虐殺はまだ家内工業的段階にとどまっていました。カンボジアを見ればそのことは明らかです。カンボジアではクメール・ルージュ〔ポル・ポト派の軍隊〕があらゆる都市を空っぽにし、テクノロジー文明と関係を持つことを拒んでいたからです。ナチスの強制収容所の場合もその点では同じで、今日手にしている実験能力と絶滅能力に比べれば遥かに及びません。つい最近明らかになったことですが、大戦時にアメリカのIBM社は残酷にも強制収容所送りの列車のプログラムや、数百万の国外追放者を特定するプログラムの作成に協力していたそうです。ナチス親衛隊は仕事を進める上でIBM社のプログラムを大いに頼りとしていたので、苦い結末に至るまで、彼らはIBM社に支払いを続けていたそうです。とはいえ、強制収容所での大部分の絶滅行為は、今日に比べれば遥かに原始的な手段で行われたのです。ナチスが何をしたかといえば、彼らは何もかもみな単純に奪い去ったのです。

彼らは食事、眠り、空間、尊厳を奪い、収容所のすべての捕囚者たちを朽ち果てるに任せたのです。そして捕囚者たちは自分の目から見ても卑劣な存在にさせれらていったのです。

ナチスの**安楽死**《ユーサネイジア》はナチスの**知覚麻痺**《アネスシージア》とともに始まったのです。これはとても重要なことです。ナチスの啓蒙宣伝相ゲッベルス〔一八九七－一九四五〕を抜きにそういった事態を理解することはできないでしょう。ナチスにはキーになる人物がいます。一人ではありません。ヒトラー〔一八八九－一九四五〕、**それに**ゲッベルスの二人です。ゲッベルスは国家に麻酔をかけた人物です。そして国家が知覚麻痺に陥ったあと、社会の安楽死を、すなわち隣人たちの安楽死を、最終的には国民全体の安楽死を進めたのです。ドイツのプロパガンダ**情宣局**が知覚を麻痺させることさえしなければ、民族の大量虐殺は起こらなかったでしょう。*　私の考えでは、少なくともゲッベルスについてはヒトラーと並ぶ責任者として捉えるべきです――あくまで、少なくとも、と言っているのですよ。ゲッベルスは最重要人物です。ヒトラーもゲッベルスがいなければ成功しなかったはずです。まあ、それを成功と呼んでよいかは疑問ですが。

＊検閲をかける、一方的にテーマ・考え・結論を絞り、討論を退け、同じ概念・常套句を何度もメディアで繰り返して思考を麻痺させるだけにとどまらず、その際、細部には立ち入らず、さまざまな可能性や論理を退け、情緒的感情に訴えるという手法を意図的に使うことで感情も麻痺させる。そのもとで行われたナチスの宣伝内容は、自民族の優越性と、その優越性を情緒的に支えるために創り出された劣等種への激しい蔑視を感情的に煽るものであった。

――彼らは、まず人民を麻痺させなければならなかたのですね。

その通り。知覚麻痺《アネスシージア》、安楽死《ユーサネイジア》、記憶喪失《アムネジア》。こういった言葉はみなニュースでよく見かけますね。これらの言葉は、いま再び流行しています。それに「沈黙による同意」(44)という言葉も再び広まっています。

(44) Paul Virilio, *Procedure silence*. Paris: Editions Galilée, 2002.「沈黙による同意」とはコソボ紛争（一九九九）のとき、爆撃の承認を得るために連合軍が作り上げたメカニズム。

——強制収容所には二種類の知覚麻痺がありました。最初のものはナチス親衛隊の訓練に関わるもので、それによって彼ら兵士はもはや人間的な反応ができなくなってしまったのでしょう。自分たちの死に対してであろうが、他者の死に対してであろうが…。

その通り。それが兵士の「訓練」なのです。知覚麻痺は至る場所で起きるのです。悲しいことに、それが兵士というものです。私が個人的に知りえた一例を挙げましょう。第二次大戦のとき、私の妻はアンジェー〔フランス西部の都市〕にいました。ロワール川の右岸です。私はといえばロワール川左岸のナントにいました。そこは最前線でした。アメリカのパットン将軍〔一八八五－一九四五〕がロワールに到着したばかりで、ドイツ軍は対岸にいました。つまり彼女は解放されたばかりの地にいて、私はドイツ軍の占領地の中にいたのです。戦闘はほぼ一カ月続きました。無数の犠牲者が出て、激しい爆弾の雨が降り、戦争につきもののあらゆることが起きていました。そして彼女は人々を救護するために病院に行きました。そこには親衛隊の捕虜が一人いました。アメリカ兵が手当のためにこの男を病院に運び込んでいたのです。ところが男は瀕死の重傷を負っていたにもかかわらず、輸血を拒んだのです。血液がどこからきたのか知る由もないからというのがその理由でした。そして彼は死んだのです。

感情麻痺

―それから「感情麻痺《アパシー》」〔あるいは「知覚麻痺《アネスシージア》」〕にはもう一つの形があります。「自由放蕩者たちによって仕掛けられた感情や**情念**の周到なコントロール」とサド侯爵が呼び習わしていた形です。強制収容所での極端な剥奪によって生み出される感情麻痺です。いわゆるモスレム状態*と呼ばれていた意識朦朧状態です。死刑執行者の無感覚とその犠牲者の側での感情の枯渇は、奇妙にも共鳴していたのです。まるで破滅的なこの組み合わせが共謀関係を生み、人間と呼ぶことができる何かを彼らのあいだで根絶させるかのようです。この両極端のあいだに、絶滅プロセスに徐々に適応していった人々の特異な状態を見い出すことができるでしょう。その点に関しては、私が最近読んだヨハン・パウル・クレーマー〔一八八三―一九六五〕の日記がとても啓発的です。クレーマーはアウシュヴィッツのナチスの医師で、ともかく最悪の部類とまではいえない人物です。党〔国家社会主義ドイツ労働者党（＝ナチス党）〕の初期メンバーであり、人間の遺伝生物学の専門家でもあるクレーマーは、一九四一年にアウシュヴィッツ・ビルケナウの収容所付軍医に任命され、そこに最後までとどまりました。経験豊かな学者であっても、親衛隊の訓練を受けていなかった彼は、初めてアウシュヴィッツの「特別措置」に巻き込まれたとき〔悪名高い手すりに立ち、送られるガスをモニターするという仕事です〕、ひどいショックを受けたようです。実際、強制移送者を選別し、送ガス監視の役を担っていたのは医師たちでしたからね。そのときのことを彼は、「これに比べれば、ダンテの『地獄篇』なんてコメディーみたいだ。まさにアウシュヴィッツは絶滅収容所というほかはない」と日記に記しています。関与を始めてから一五回目までは、「おぞましい」と自ら呼んでいた行為の目撃リストを私生活の詳細な記録の中に埋め込んでいました。しかしそれ以降、これについてはまったく触れなくなり、病原菌や薬剤を注入され殺されたと思われる病気の捕虜から「生体器官」(肝臓・膵臓・脾臓)を抜き出して、自分の研究を再開したのです。そして、尻尾のない猫たちの症例研究にも夢中になっていきます。当時出版された彼の論文テーマは「外傷性切断の遺伝伝達」というものです。ネオ・ラマルキズム〔獲得形質は遺伝するという考え〕的なこの論文で、彼は無邪気にも人間遺伝学の教授職に就けることを期待していました。ところが逆に、その論文が、同僚たちとの関係を悪化させることになります。奇妙に思えるかもしれませんが、その論点に対する同僚たちからの拒絶のせいで、このナチス医師はナチスの科学に反旗を翻すことになったのです。科学研究の自由を踏みにじっている!と日記でナチス科学を告発し、「アーリア人、黒人、ユダヤ人の科学があるのでない。正しい科学と誤った科学があるにすぎない」(45)と語り始めるようになるのです。もっともそれによって彼が、ユダヤ人の囚人たちを殴打したり殺したりすることを止めたわけではありません。希望なき意識朦朧状態の人々の殺害を止めたわけでもありません。彼が体現する目先の些末なことへの関心、奇妙な憤り、無感覚さ(環境がどんどん残忍さを増していくことへの無感覚さ)、そういったものが作り上げる薄気味悪い混合物を知れば、ハンナ・アーレント〔一九〇六-七五〕の『悪の凡庸さ』(一九六三、増補版六四)の見解がいかに的を射ているのかがわかります。こういった無感覚さは、レベルはさまざまですが、広く医師のあいだに見受けることができるのです。

*モスレム状態とは、強制収容所内で使われていた隠語。飢餓と枯渇により無気力に陥った状態。語の起源については、衰弱して立つことがうまくできない姿はイスラム教徒の祈りの姿勢に似ているとか、神がすべてを決定するというイスラム教の教義と似ているからなど、諸説ある。

(45) *Auschwitz seen by the SS. Rudolf Hoess, Pery Broad, Johann Paul Kremer.* Oswiecim: The State Museum of Auschwitz-Birkenau, 1994.

残酷性

ええ、医学についてもここで話す必要がありますね。医師と看護師に必要な資質である「冷静な凝視」は、芸術家たちのものになる以前は**腕のある《アートの》開業医たち**と呼び習わされていた人々の特徴をなすものでした。そういった外科医の凝視は、当然自身の仕事に付随するものだと医師たちは信じていました。しかし白衣をまとうや否や、その資質は同時に、拷問を行う人間の「冷酷な凝視」へと通ずる扉を開いたのです。そしてその冷酷な凝視は、徐々にプロ意識の印となっていったのです。「彼は冷静だ」という言葉は、美徳のように思われています。ところが近代以前、外科医や死体研究者、あるいはレオナルド・ダ・ヴィンチのような画家を含めた人々は、たとえ自分のノートの中で冷酷な凝視の話に触れるとしても、冷静だと自ら自慢することはありませんでした。彼らはこの冷たい凝視を英雄的なものと考えることはできなかったのです。それは彼らにとって、自責の念のようなものでした。

――フーコーが言っているような「臨床医学」は、まだ誕生していなかったのですね。

ええ、まだ存在していません。そういったものはすべて現代という時代と密接に関わっていて、電極棒と結びついているものです。今日ではアルジェリア戦争のときに使われていた**ジェジェーヌ**「手動携帯発電機を使った拷問機器」の話がよく引き合いに出されますが、**ジェジェーヌ**以前の時代に遡れば、精神薄弱者に電極棒を押しつけて痙攣状態を作り、それを写真に撮って分析したフランス人医師の研究があります。その医師は、自分は生体の解剖、表情の文法を研究していたのだと言っていました。

—それは一八六二年に顔面筋の一つ一つの動きを分析していたデュシェーヌ医師〔一八〇六－七五〕のことですね。アウシュヴィッツにも同じように電極実験がありました。電極棒が使われたのは、アルトーがロデズで受けた電極治療*だけとは限らないし、残酷性とは、舞台にとってだけ意味を持つわけではないのです。

＊劇作家アルトーは、身分、状態にかかわらずすべての人間に無作為に襲いかかるペストのような恐怖や残酷さに直面することを通して、人間は自分という存在の生の根底に触れることができるという演劇論を展開し、残酷性というものを重要な演劇概念に取り入れた。しかし自身はロデズの精神病院に隔離され、そこで電極棒による電気ショック療法を受け、たびたびその苦痛を表明している。

アルトーは、苦痛を通して経験したことを舞台芸術の中で表現したのです。そういった意味で、彼は犠牲者であると同時に先駆者です。

—アルトーが「演劇とペスト」〔『演劇とその形而上学』〔一九三八〕収録〕を書いたのは一九三三年です。同じ年、バタイユはアブジェクション（おぞましきものの棄却）についてのノートを書きました。バタイユは供犠*を夢見ていました。アルトーの方は二〇世紀という時代が電気ショックのように自分の体を通過するのを感じていました。褐色ペスト〔ファシストのこと。褐色シャツを着用していた〕が全世界にはびこる途上だったのです。

＊資本主義社会を作り上げている効率や有用性といった概念が当時のナショナリズムやファシズム状況を盲目的に生み出してい

るとして、バタイユは無用性や贈与といった事前排除されていた観点からそれ以前の社会構成原理を紐解き、供犠＝犠牲・聖性という構成原理を提示することによって、現代社会の盲目状態を内側から打ち壊そうとした。

私の考えでは、当時の大部分の芸術家はアルトーと同じ状態だったと思います。ともかく偉大な芸術家たちはみなそうでした。社会の残酷性を暴いた芸術家たちはみな同じだったと思います。その後、タブーを打ち壊そうとするエキジビショニスト〔裸になり、破壊行為を行うなどしたアーティストたち〕が現れましたが、奇妙なことに、エキジビショニストが現れたのは第二次大戦の**後**なのです。私の思うにウィーン行動派〔ウィーンを中心に活動していたエキジビショニスト〕は、苦痛に耐えたアルトーやオットー・ディクス〔一八九一－一九六五、退廃芸術としてナチスの取締り対象になったドイツ画家〕などとはまったく共通点のない人々だと思います。彼らは冷然とした洒落男を演じていましたから――まるでナチスの親衛隊のように。

――矛盾と思えるかもしれませんが、私はレジスタンス運動に参加した女流作家マルグリット・デュラスもアルトーたちのグループに加えたいと思います。彼女はすでに聖なる怪物でしたが、当時は犠牲者ではありませんでした。しかし彼女はかなり遅れて犠牲者となったのです。そのとき、彼女がどんなことをしてでもやり遂げようとしたのは、それまで経験したこともない傷を公の場にさらすことでした。＊それは勇気や無謀さを要することです。

＊デュラスは一九四四年に夫のロベール・アンテルムがナチスに逮捕され強制収容所に入れられていた当時のメモや書物をそのまま材料として使い、揺れ動く気持ちを『苦悩』（一九八五）という作品で赤裸々に語る。

ダンス、芸術、愛などの形で表された拷問については、もっと語ることがあると思います。それを語れば、アルジェリア戦争だけにとどまらず、さまざまな戦場の実情を知ることができます。マルグリット・デュラスの伝記作家ロール・アドレール〔一九五〇－〕はデュラスについて、あまり感心できないことを明らかにしていますね。

―伝記には、パリ解放の最後の日々、デュラスがコラボ（フランス人情報提供者〔対独協力者〕）に加えた拷問**戦争**について詳しく書かれています…。

恐ろしいことです。世間の人々が何と言おうとも、女性たちがああいった身の毛もよだつようなことに手を染めるなんてありえないでしょう。本当に珍しいことです。

―ニーチェは拷問と残酷性を伝統的な文化の根幹に据えました〔『道徳の系譜』一八八七〕。彼は挑発的にこう書いています。受難を見ることは悦びをもたらす、しかし他者に苦しみを引き起こすことはさらに大きな悦びを与えるのだと。フランス人密告者にデュラスが与えた拷問は、デュラスに悦びをもたらしたことは疑いの余地がありません。その描写はエロティックなものになっていますから。一方、バタイユによる「おぞましさと悲惨な形」の分析が極めて説得力を持つのは、まさしく、親衛隊が自分たちの犠牲者の肉体をエロティックなものとして扱わなかった点を明らかにしたところにあります。

ええ、彼らはそうしませんでした。

―彼らが犠牲者の肉体に悦びを求めなかったのは、犠牲者たちを人類の一部と考えなかったからです。それは先ほど言おうとしたことですが、当時はまだ遺伝学が存在していなかったとはいえ、ナチス親衛隊はすでに手元にある道具でユダヤ人を人類から排除しようとしていたのです。死の収容所から生還した多くの生存者が何年ものあいだ自分たちの経験を語ることさえできなかったのはそのせいです。彼らは非人間的な状態に追い込まれていたのです。レジスタンスの詩人ロベール・アンテルム〔デュラスの夫〕も同じように苦しみましたが、先ほど言ったように彼の場合は人種との関係で苦しんだわけではありません。人間の同一性に関する彼の断固たる信念と主張が、そのことと深い関係があるように思います。当時まだ彼の妻であったデュラスとは違い、彼は強制収容所の恐怖に実際にさらされたのですが、それにもかかわらず、ユダヤ人としての恥辱を気にかけずに済んだのです。また同じように強制収容所を体験したイタリア人プリーモ・レーヴィ〔本書一五一頁参照〕の場合は、化学者の立場から、つまり当事者でありながら観察者として自分を分離することによって、その体験を受け止めたのです。自ら組立てラインに身を置いたシモーヌ・ヴェイユ〔一九〇九－四三、フランスの哲学者。第二次世界大戦中ロンドンでフランス解放運動に参加して病死〕のように、プリーモ・レーヴィはアウシュヴィッツに身を置くことによって不幸の臨床学者になったのです。

ハンナ・アーレントとシモーヌ・ヴェイユはおそらく人々が考えているよりも遥かに重要な人物です。彼女らはそれまで誰も触れえなかった中枢に触れ、深い根源に触れたのです。私は彼女たちのように強制収容所については語れません。私はアレクサンダー・クルーゲ*の『ハルバーシュタットの爆撃』〔第二次大戦時、ドイツの都市ハルバーシュタットが爆撃されときの様子を描いた本〕のように、爆撃についてしか語ることができません。あれはとても偉大な本です。あるいはアメリカの作家トマス・ピンチョン〔一九三七－〕の『重力の虹**』（一九七三）に書かれているようなことしか語れません。なぜなら、私はそういった本に書かれている時代と場所を実際に生きていたのですから。私は黙示録の狂信者と呼び習わされる類の人物ではありません。終末論的世界は私の考えていることとは違います。世界の終末には関心を持てません。私にとって黙示録は、まさに偉大な文学テキストにすぎないのです。しかし二〇世紀は、明らかに黙示録的な側面があります。広島とアウシュヴィッツは黙示録です。それらは極限にあるもの、全面的な錯乱状態であり、あらゆる点で原子力研究への熱狂と軌を一にしているのです。そして今、遺伝子爆弾の研究が第三の爆弾を作り出しているのです。

＊一九三二－。ドイツの映画監督・作家・思想家。フランクフルト学派の影響のもとに、知的なモンタージュ技法を駆使するニュージャーマンシネマの旗手。

＊＊第二次大戦末期にドイツが連合国を爆撃するために開発したV2ロケットの被弾に始まり、V2ロケットの発射に終わる戦争空間が舞台。その背景として存在しえたであろう現実の生活を作り上げているさまざまな知識と関係の力学を、想像力で次々と塗り替えて現代文明の批評にまで広げた小説。

2　科学の事故

三つの爆弾□情報チェルノブイリ事故□戦争の変質□際限なき破壊力□ポスト人類□知識の事故□ポジティブな否定性□科学の軍事化□人工知能（AI）□全面事故□まさに最悪□人間が果てである□事実を知ること□暴走列車□帝国幻想

三つの爆弾

――聞き手　ロトランジェ　アインシュタインは「遺伝子爆弾」について語った最初の人物ですね。

ヴィリリオ　ええ、三つの爆弾があることを認めていました。**原子**爆弾、**情報**爆弾、そして**遺伝子**爆弾です。生命活動を消滅させ、環境を汚染し、放射能の毒を撒き散らす原子爆弾は、アウシュヴィッツや広島とともに人類滅亡の可能性をリアルなものにしました。それと同時に戦後、情報爆弾が生まれました。これによって原子爆弾も世界初のコンピュータであるエニアック〔一九四六年にアメリカで第一号完成〕と電子計算機という新たな機器のもとでいっそう製造が進むようになったのですが、その後この機器によって、人の総遺伝子地図コードも解読できるようになったのです。原子爆弾は狂気の沙汰です。

今なお私たちはそこから抜け出せずにいますが、そこに第二の狂乱状態、つまり電脳《サイバー》爆弾、情報爆弾が解き放たれたのです。そしていま始まっているのは第三の爆弾、第三の狂乱です。アインシュタインはそれを「人口」爆弾と呼びました。しかし人口爆弾は、アインシュタインが一九五〇年代に思い描いたような――無数の人々が溢れ返り、地球が住めなくなる――単なる人口統計学上の爆弾でないことは言うまでもありません。まったく違います。情報爆弾は遺伝子爆弾をプログラムしている最中なのです。言い換えれば、人類の変異を、人類の複数化を、人間の分化をもたらすプログラムを進めているのです。この研究は人口統計学が明らかにしている事態〔人口爆発〕に立ち向かうためのものと考えられるかもしれませんが、実際には劣等種と優越種を導き出すことになる。しかしそれではアウシュヴィッツをハッキリと想起させてしまうので、隠さなければなりません。これらの三つの爆弾は総力を挙げてお互いに補強し合い、共同作業をしているのです。しかし三つの爆弾の中央にあるのは、**知識という情報爆弾**です。知識が決定を下すのです。初期のコンピュータは物理学研究では重要な役割を果たしていなかった――というより、正確にはまだ実用化されていなかったのですが、その後の原子物理学や遺伝学の研究の発展はすべてコンピュータに依存し、並行処理集積装置が生み出す計算速度によるものとなっていきます。こうして私たちは、人口爆弾が遺伝子爆弾になったという点を除けば、アインシュタインが言っていた通りの現実に直面しているのです。しかし遺伝子爆弾は、ウサギのように繁殖する「動物としての人類」の過剰人口化に対して戦う手段にはならないのではないか？　むしろ原子爆弾と遺伝子爆弾は、血と精液で繁殖する「動物としての人類」を絶滅させてしまう力を持つのではないか？　そしてヒトの総遺伝子解読は、「改良された」超人類化、優生人類化を推し進めることになるのではないか？

仮に人口爆発が起こりえないとしても、出産との関係は明らかに変わり始めるでしょう。

——人が思いのままにヒトを繁殖させ多種化させることは許されないでしょう…。

ええ、許されませんよ。

——出生に対して、もっとハッキリいえば、自然な出産の地位を剝奪する科学による生殖に対して、ある種の制約をかける必要があります。自然な出産の剝奪はすでに遠隔性行為《リモートセックス》といった現象の中に予示されています。

遠隔性行為《テレセックス》は万能コンドームだと私は言っています。それは相互作用性がありますから。

情報チェルノブイリ事故

——リアルタイムでの非現実的セックス。それは情報爆弾の話に私たちを引き戻します。それもまた黙示録的爆弾ですね?

これについてちょっとお話しましょう。現在、情報爆弾はまさにその爆発力を明らかにしつつあります。二〇〇〇年に猛威を振るった「メリッサ」ウィルスや「アイ・ラブ・ユー」ウィルス*、これに攻撃されたサイトによって引き起こされた大規模な干渉作用が、その爆発力を示しています。その現象を見れば、情報爆弾はすでに現実の世界に入り込んでいるといえるでしょう。一九九五年に私は、世界は情報チェルノブイリ事故に向かっていると言いましたが、実際にはもう起こっているのです。「アイ・ラブ・ユー」ウィルスは、情報チェルノブイリ事故です。五〇億ドル、あるいはその倍以上の損害を出たしという話になっています。またわずか一週間ほどで犯人が逮捕された「メリッサ」ウィルスですが、それが引き起こした被害については、私は一億六〇〇〇万ドルに上ると考えています。その額は見積もりすぎだとはいえません。増幅効果がありますから。この数字は人工頭脳学《サイバネティクス》が爆発的な力を持つことを証明するものです。サイバネティクスは、事故を全世界的なスケールで同時に引き起こす可能性をもたらしているのです。サイバネティクスは本当に爆弾になっています。しかもそれは、今までの化学兵器や核兵器のような大量破壊兵器とはまったく性質が違うものなのです。

＊いずれも、電子メールの添付ファイルを開くと自動的に開いた人の住所録を読み取り、悪意ある動作を自動増殖させるウィルス。「アイ・ラブ・ユー」ウィルスの推定被害総額は五〇億から一〇〇億ドル。また一九九三年に拡散した「メリッサ」ウィルスについては、わずか一週間ほどのあいだに八〇〇〇万ドルの被害があったとＦＢＩが算定している。

——コソボやイラクでの戦争は、大部分が電波妨害によって行われました…。

ええ、電子妨害という手段での戦争でした。

——あれはまさしくマルチメディア戦争です。

マルチメディア戦争だといえるのは、もはやいかなる領土とも結びついておらず、開戦宣言が不要となっているからです。開戦宣言が存在するためには、国家が並立していなければなりません。また平和状態、戦争状態、休戦、そして戦争の合い間の停戦といったように、継起性が存在しなければなりません。しかし瞬時双方向活動《インタラクティビティ》時代に入ったとたん、前も後ろもなくなり、ただ「**あいだ**」しか存在しなくなりました。その「**あいだ**」にしても、一瞬の稲妻ほどの長さしかありません。ですから私たちは旧来の兵器類とはまったく関係のない戦争、本当に新しい戦争の可能性に直面しているのです。さらにいえば、アメリカ空軍〔NATO軍〕によるミロシェヴィッチ軍の破壊*は意味がありませんでした。アメリカ空軍は田舎や橋や電気設備などを破壊しました。ところが、NATO軍が提供した数字によれば、彼らが破壊したのは一三台の戦車と二〇台の戦車輸送車、そして五〇数台の車両にすぎません。それらすべては、一千機——当初は四〇〇機で最終的には一千機——の爆撃機による七八日間続いた空爆によるものでした。あなたや私のように第二次大戦を経験した者にとって、これはまったく荒唐無稽な戦争です。ですから、一九九一年の湾岸戦争を思い出せば、あれはすでに軍隊の移動を意味のないものにしていた戦争だったのであり、リアルな戦争だったと言うことはできません。同様にコソボでの戦争も、アメリカ軍はたった一人の人間でさえ地上に送らなかったのです。爆撃キャンペーンが続くかぎり、彼らはともかく何らかの固定目標を爆撃しました。でもそれは極めてあっさりとしたものでした。敵軍は実質的に無傷でした。独裁者ミロシェヴィッチが降伏したのは、武力で制圧されたからではなく、彼のコソボ・アルバニア系住民への弾圧を糾弾する国際世論によって孤立させられてしまったからです。このように私たちはとても大きな状況変化に直面しているのです。

＊セルビア共和国のミロシェヴィッチ大統領（在任一九九〇－二〇〇〇）率いるユーゴスラヴィア連邦共和国軍に対して行われた一九九九年三月に始まるユーゴ空爆。コソボ紛争。

—相変わらず虐殺はありましたが、それは交戦状態の中で起きたことではありませんでした。

まさにその通り。ナイフで殺されたのです。

戦争の変質

—しかも虐殺されたのは一般市民だった。

第一次大戦は六〇〇万人の死者、第二次大戦では六〇〇〇万人の死者を出しましたが、両者のあいだでは殺された民間人犠牲者の比率も上がりました。その後の戦争は全面的に変化し、変わり続けていますが、コソボの戦争はある時代の最後の戦争でした。ある時代の、というだけでなく、戦闘装備を競う時代の、最後の戦争でした。もはや「ミサイル」対「ミサイル迎撃用ミサイル」といった類の研究すべてが廃物になっているのですから。

—「アイ・ラブ・ユー」ウィルスは、戦争なき開戦宣言だったということですね…。

しかも、それは今後の長期にわたる一連の事故の始まりにすぎません。インターネットに全面的な疑問が投げかけられるであろうことは必至だと思います。

―インターネットは元々軍事的なものでした。ウェブというのは、たしか核爆発時に通信システムを保護するために作られたものですね？

インターネットの基はアルパネット（一九六九年にアメリカ国防総省（ペンタゴン）が開発した全米規模の軍用コンピュータ・ネットワーク」です。アルパネットは核爆発の結果起こるさまざまな影響に直面したときでも、総司令部の軍参謀に情報を集中できるように考案されたネットワークで、既存の大規模ネットワークや巨大アンテナが破壊されても人工衛星やデータベース網を通してコミュニケーション回路を確保できるように設計された情報中継システムです。軍の参謀たちはかなり早い段階から、強力な核爆弾が大気中で爆発すると大気層の汚染だけでなく、電磁波やその他のコミュニケーション形態も遮断されることを理解していました。ネットワークそのものはそれ以前から中央情報管理集権化がなされており、暗号化や出入口の厳重な管理によって保護されていたのですが、これに加えて、電磁波爆発やEMP効果（電磁パルス効果）と呼ばれるものからデータ本体を防御しようとしたのです。無数の入口地点《エントリー・ポイント》を持つランダム・ネットワークを作ったのはそのためです。しかしそれに伴いさまざまな混沌とした問題も生じてきました。この時点ですでにアルパネットは新しい論理世界への入口を管理していたのですが、それでも核爆弾の爆発リスクは相変わらず続いており、しかも近い将来いつどこでそれが使われるかもわからない。そこでインターネットが立ち上げられます——そう、アルパ（Arpa）とは軍事研究部門（Armament Research Department）の略号なのですが、このアルパネットよりも遙かに柔軟なウェブという代替構造システムが作られたわけです。ウェブというのは、無数の接続回路を持ち、無限の回路を創り出します。それがネットワーク論理というものです。

——リゾーム的アナーキー*（ドゥルーズとガタリが共同作業を始めたテキスト[46]で展開されている概念）が、軍事上の生き残りをかけた戦略の青写真となったなんて、まったく皮肉としか言いようがないですね。でもすべてのものはいつでも反転可能です。ちょうどカフカの『巣穴』（執筆一九二三、初出一九三一）という小説に描かれているように、すべての脱出路は新たな脅威への入口になります。脅威はリゾームの内部にもまた作られるのです。

＊のちに『千のプラトー』（一九八〇）にまとめられるドゥルーズとガタリの概念で、地下茎《リゾーム》のように無数に分岐を作り出し自由に結びつく状態を指す。そういう状態を生み出すことによってヒエラルキー権力システムへの対抗を目指した。

(46) Gilles Deleuze/Félix Guattari, "Rhizome," in *On the Line*. New York: Semiotext(e) Foreign Agents series, 1983.（『リゾーム…序』豊崎光一訳、『エピステーメー』臨時増刊附録、一九七九／朝日出版社、一九八七。『千のプラトー——資本主義と分裂症』宇野邦一ほか訳、河出書房新社、一九九四／河出文庫、上中下、二〇一〇）

私たちは「最悪の政治」について話しましたが、『電脳世界——最悪の政治』（一九九六）という私の本の表題[47]には誰一人異議を差し挟むことはできないでしょう。

(47) Paul Virilio, *Politics of the Very Worst. op cit.*

——アメリカ軍司令部は、もはやお金を兵器に費やす必要がない戦争を構想しています。それは彼らが兵員を思いやっているからではありません。彼らは戦争が今や交戦状態に限定されたものでないことに気づきつつあるのです。

際限なき破壊力

一方で、私たちはいま起きていることを少しでも知ろうとすれば、異常なハイパー暴力状態を目の当たりにすることになるでしょう。『沈黙の方法』*（二〇〇〇）という著作の中で、私は、世界保健機構（WHO）のエイズ対策局長だったジョナサン・マンの言葉を引用しました。スイス航空一一一便の墜落事故〔電気配線不良による火災が原因〕で亡くなった彼はこう言っていました。「私たちは際限のない破壊力が横行する世界の中で生きている」と。これは光彩を放つ一文です。彼のこの言葉を読むと、深い畏敬の念が湧き上がってきます。なぜならそれは実際に闘った人間が吐いた言葉であるからです。彼の言葉は二〇世紀というものを見事に描き出しているのです。

* Paul Virilio, *La Procédure Silence*. Paris: Editions Galilée, 2000.

―あなたはしばしばそういった言葉を引用しますね。危機にあるまさにその瞬間について、まるでその言葉がすべてを言い表しているかのような。

ええ、それは本当に重要なことです。そういった言葉はイメージです。そういった言葉はあらゆる分析に置き換わるものです。ご存じのように、私はもともと画家ですから。私はものを書くときにイメージを作っているのであって、理論を作っているわけではないのです。イメージで、類似性《アナロゴン》を通して仕事をしているのです。それは本当です。

――あなたはアナログやイメージを信じていますが、視覚機械は信じていないということですね。

ええ、信じていません。私はアナログ人間です。数字信奉者でもデジタル信奉者でもありません。しかし今やデジタル技術はケーキの最後にふりかける砂糖ごろものようなものにまでなっています。それはすべての完了を意味しているのです――ちょうど遺伝子爆弾が三つの爆弾システムの最後の幕を引くのと同じです。今や私たちの感覚は情報技術や演算によって置き換えられ、機械による知覚現象の再構成に直面しているのです。そしてそれは破局的な出来事です。

――破壊的な力に立ち戻っているのですね。

本当に私たちは破壊的な力に立ち戻ってしまったのです。打ち明ければ、私は、自身をサイボーグ化したスティーブ・マンの一文を、自分の本のある章でエピグラフとして使いました。というのも、絶滅を引き起こす力は、これからは科学・技術の絶滅力だと感じているからです。現代では、もちろんゲッベルスもヒトラーも存在しません。いや多分そういった人物はもう出てこないと思います。

―そこにあるのが破壊力ですね。そしてそれは電脳《サイバー》爆弾によるものですね。

情報爆弾とは何か？　それは科学の爆弾です。情報という言葉を、知識という言葉に置き換えてみると、知識の爆弾＝軍事化はとてつもない出来事なのです。知識の戦争――すなわち推定・反応・演算の高速化によって知識を戦争機械に変えるということ――、それは科学を破壊することです。もっと広い意味合いを含ませるとすれば、科学はこれまでつねに、愛－身体《フィロ・フィジカル》でした。すなわち身体－哲学、あるいは生理－哲学だったのであり、好むと好まざるとにかかわらず、それは人間に特有なものでしたが、まさにそれが爆発しようとしているのです。私たちの科学は、もはや生理－哲学的なものではなくなっているということです。

ポスト人類

―あなたが仰しゃっているのは、科学が暴走しているということですね。

初期の科学は、哲学や宗教とともに発展した知識でした。ガリレオ裁判を考えてみましょう。この裁判以降、私たちは哲学的な知恵や宗教的な知恵を排除することに夢中になってきました。ガリレオ裁判でスキャンダラスなのは、裁判そのものではありません。それどころか裁判はとても論理的に進められました。このことを否定する人はいません。『ガリレイの生涯』（一九四三）を書いたドイツの作家ブレヒト〔一八九八－一九五六〕だってそう言っていますよ。スキャンダラスだったのは裁判で下された処罰の方です。一体ナチスのメンゲレやチリの独裁者ピノチェ〔一九一五－二〇〇六〕やセルビアのミロシェヴィッチを、裁判とは別のやり方でどうやって断罪することができるのでしょう？

—あなたが言いたいのは、ガリレオは処罰に値しないにもかかわらず裁判で断罪されたのに、メンゲレやミロシェヴィッチが裁判で断罪されなかったのはスキャンダラスではないのか、ということですか？〔メンゲレは南アメリカに逃亡し、ミロシェヴィッチは国際裁判所で裁判中に死亡〕

ガリレオ裁判でとてもひどいのは、彼を裁判所に連行したことではありません。ガリレオに有罪宣告を下したことです。この裁判は宗教裁判でした。ちょうどソクラテス〔前四六九（七〇）－三九九〕の裁判が政治哲学の裁判であったのと同じです。しかし今日ではいかなる政治哲学も、科学を審判の場に引き出すことはできないのです。またいかなる宗教も、科学を審判の場に引き出すには力不足なのです。ですから科学を審判の場に引き出すものは何もないということです。科学は**不自然で強引な解決策**になっているのです。科学はすべての力を支配しています。とりわけ原子力を通して、そしてこれからは遺伝子の力を通して支配するのです。つまりその二つの力の背後に潜む情報技術を通して支配するのです。もし情報爆弾というものがなかったなら、私たちはほんのわずかな爆発シミュレーションしか知ることができず、今日のような原子爆弾を持つようには至らなかったはずです。そしてまた、情報爆弾がなかったなら、私たちは遺伝子爆弾を持つこともなかったでしょう。情報技術がなければ総遺伝子マップを解読することはできませんから。

―そういったことから、情報爆弾がもたらす危険は明白だということですね。

それはあまりにも明白です。簡単な例を挙げてみましょう。フランシス・フクヤマがポスト人類という思想を打ち上げたとき、私たちはコソボ紛争の真っ只中にいました。

―表向きは人道主義的な目的を持っていたコソボでの空爆は、人類が終わったというフクヤマの断定と符合していたというのですね。

その関係を説明しましょう。コソボの戦争は、人類への罪を犯したミロシェヴィッチに対して始まりました。ミロシェヴィッチは、彼を糾弾する一〇からなる連合国によって国際裁判にかけられましたが、NATOとアメリカ軍は連携し、彼に交戦を仕掛けました。コソボでの戦争は、空爆などによって荒れ狂っていました。その同じときです。ある一人の人物が極めて静かに、人類の終わりを告げたのは。

―要するに、フクヤマは、競合するイデオロギーに対するリベラル民主主義の最終的な勝利を宣言したのです。リベラル民主主義というのは（レーニンが共産主義と電力を縁組させたように）[*]、「近代自然科学」と縁組させた資本主義のことです。それは、ポストモダンの旗頭ジャン＝フランソワ・リオタールが告げた「大きな物語」の終焉[**]を、フクヤマ流にアレンジしたものでした。フクヤマが取り上げたのは、ヘーゲルが生きがいある生活にとって必要条件と考えた主従の承認欲求が、アレクサンドル・コジェーヴ***の予見した「ユニバーサルで同質状態」（グローバル化）の中で生き永らえるかどうかという問題でした。あるいはまた、そのグローバル化の中で「完全に充足した」市民は見下げ果てた人間に堕ちていくかどうかという問題でした。その頃ドイツでは、思想家ペーター・スローターダイク（一九四七－）が、人類という種の遺伝子改変によって人間主義の時代が終わり「人間圏」が始まると告げたとき、（ナチス優生学をそこに想起したハーバーマス（一九二九－）によって「ファシスト」と批判されるなど）それと似たような騒動が国内で巻き起こっていました。私はフクヤマによる「ポスト人類」の到来に対する警告は、当時広まり始めた「サイボーグ」「ポスト人類」そして「非人間的超人」といったものへの希求と、多少なりとも混同されたのではないかと思っています。

＊レーニンは十月革命後、全産業を電化という基礎の上に立て直すことによって社会主義は実現すると宣言し、全露電化委員会を立ち上げた。
＊＊リオタールは『ポストモダンの条件』（一九七九）の中で、ポスト産業社会では科学的思考によって合理的主体が解放され、すべてを包括的に説明できる普遍的精神が確立する、という近代を支えてきた「大きな物語」が終焉を迎えていると語る。また、アウシュヴィッツは合理的主体の破綻を垣間見させ、知識は社会の情報化が普及することによって単なる情報商品となり旧来の正当性を失う、と語る。
＊＊＊一九〇二－六八、フランスの哲学者。彼のヘーゲル講義の受講者たちが現代フランス思想の中核を形づくっている。

私の考えでは、人類に対する決定的な犯罪は、遺伝子爆弾が私たちを人類の向こう側へ連れて行ってしまう、つまり人類を消滅させてしまう可能性だと思います。しかしこれについてはまだ誰の目にも問題だと映っていないようです。問題として取り上げていたのは、おそらくスローターダイクのテキストをめぐって行われたフランスでのいくつかの論議ぐらいでしょうが、それはあまり本格的なものではありませんでした。

知識の事故

—簡単にいえば、西洋のすべての技術力が一つの作戦に動員されましたが——コソボでの戦争のことです——、それは理論的にはまだ一人の人間に向けられたものでした。そのとき使われた同じ技術力が、現在ではそっくりそのまま人類に向けられ、脅かされているということですね…。

その通り。しかも知識それ自身によってです。ここ五〇年間に軍事化を推し進めた知識によってです。

—人類を守るという主張のもとで動員された知識と同じその知識が、実は人間を滅ぼしていると…。

ここ五〇年のあいだ、私たちは知識の軍事化を目撃してきたのです。私たちの世代はそのことをとてもよく知っています。ノーベル賞を受賞した科学者がベトナム戦争に携わったというような、一つの出来事を指しているのではありません。あらゆる個別研究に関わる問題です。その成果が三つの爆弾です。原子爆弾、情報爆弾——私たちはインターネットがどこから生まれたのかを知っています——、そして今ではついに遺伝子爆弾が作動しているのです。それらはみな科学の**軍事化**がもたらした果実です。ですから今ここで、サイバネティクスが絡んだ最悪の政治について話すことができたのです。

―あなたは破局に向かっているとお考えですか？

遺伝子爆弾はそれだけで黙示録的な特性を備えていると思います。さらに三つの爆弾が一つになれば、終末論的な規模になるでしょう。世界が終わると言っただけにはとどまらず、もっと広い意味での絶滅をもたらします。

―仰しゃっているすべてのことは、かなり暗いものとして響いてきますが。

ご存じの通り、みなさんが私に抱いているイメージとは違い、私は過激な思想家ではありません。しかし過激なことは嫌いではありません。ただしそれは、極端なことは極端だと言い、悪は悪だと言い切ることに限ればという話です。私自身に着想を吹き込んでくれるのはクラウゼヴィッツで、彼の**極端に至る**という『戦争論』（一八一六－三〇）です。クラウゼヴィッツはただ単に戦争だけでなく、人類のすべてに関係する特別な何かに触れたのです。ですから私は、ありうるであろう破局の潜望鏡になろうと努めているのです。私が思うのは三つの爆弾が並行して広まりつつあるということです。この破局的な三部作が今、絶対的な事故を、私たちが想像することさえできない大規模な全面事故を、引き起こそうとしているのです。私たちが新しい技術を発明するたびに――それが電子技術であれ遺伝子操作技術であれ――、私たちは、想像もできない新しい破局と事故をプログラムしているのです。私たちが電力を生み出したとき、チェルノブイリを想像できたでしょうか。同じように生体組織の研究、言い換えれば「生命の書」の研究でも、どのような破局が起きるのかを想像することはできないのです。モンスターぐらいは想像できるかもしれませんが。しかしブリューゲル〔一五二八頃－六九〕やボッシュ〔一四六二頃－一五一六〕をはじめとして、今日まで芸術家は大破局を想像し続けてきたのです。ボッシュの時代から、怪物の研究とプログラミングがすでに始まっていたのです。私の考えるところでは、それらの三つの爆弾がいま組み上げているもの、それが科学の事故なのです。おわかりですか？　**科学の事故は、科学が自分自身を破壊することを指します。**二〇世紀に政治上の事故があったのと同じように、今まさにこの瞬間にも、想像すらできない結末をもたらす科学と知識の事故がプログラムされているのです。アウシュヴィッツは何とひどい事故だったのでしょう。アウシュヴィッツやショアー〔ユダヤ人大虐殺〕を政治上の事故と考えなければ、現在プログラムされている事故について何一つ理解することはできません。その二〇世紀の政治事故に続いて今、情報爆弾と遺伝子爆弾がともに爛熟し、言い換えれば手をたずさえて、想像もつかない科学的な大破局を生み出そうとしているのです。なぜ想像もつかないかといえば、おそらくそれは科学自身の破局となるからです。アウシュヴィッツはまさに始まりでした。それは優生学の事故だったのです。いま遺伝子工学で起こっていることのすべては、優生学というたった一つの指標のもとで生じているのです。

ポジティブな否定性

―あなたはいつもこう仰しゃっていますね。事故はポジティブなものだと。なぜなら事故は他のやり方では感知できない何かを明らかにするからだと。同じようにある意味でアウシュヴィッツは遺伝子爆弾の本当の性質を明らかにするためにあったということですね。

事故はいつも知識にとって不可欠な何ものかを明らかにします。ポジティブなものを生み出せば、必ずネガティブなものも生み出されるということです。どうして人々は否定的な側面を無いものにしてしまうのでしょう？　私たちはいつも否定的な側面を見るべきなのです。私自身の仕事においてもね。速度学についてヴィリリオが語るとき、彼のネガティブなところはどこだろう？とね。私は本当にそういう探索に興味をかき立てられます。否定性とはポジティブな仕事です。実際「事故の博物館」〔二〇〇二年一二月から翌年三月までカルチェ財団で展覧会を開催〕といった形で、私は否定的な事物を「歴史的なモニュメント」に分類する活動をしてきましたから。

―ルノー工場、組み立てライン…。

否定的なモニュメントがあるということは、私にとっては驚くべき進歩なのです。

――そこで言うところの否定をあなたはどう捉えているのですか？

否定とは、私たちがそれを再び犯さないために思い出すことを意味しています。ピラミッドは永遠に生ることを願ったファラオの専制的な性格を思い出すために保存されたわけではありません。そうではなく、ピラミッドによってエジプト人の文明の記憶を歴史として保持したかったのです。二〇世紀にはそれと同じように私たちは強制収容所を保存し始めたのです……。もし事故がなければ、私たちは産業革命や輸送革命が何であるのかを想像し始めることさえできなかったでしょう。ですから私にとって、事故は現世での奇跡のようなものです。奇跡とは何でしょう？　それはよりよい希望があること、人々がそれを信じることができるようにする何ものかなのです。ある意味、事故は裏面の奇跡といえます。私の事故の論理は、厄介事がなければ希望がないというアウグスティヌス〔三五四－四三〇〕の論理に結びついていることを忘れないでください。私たちがあらゆるニヒリズムを乗り越えて、アウシュヴィッツを真面目に捉えようとするのは、アウシュヴィッツは科学の全面的な事故の最初のサインだからです。それは道義性や文明の事故にとどまるわけではありません。いいえ、それは科学的な根拠のある事故なのです。ところが私が思うに、私たちはそれを乗り越えることができませんでした。それどころか反対に、私たちはアウシュヴィッツに立ち戻りつつあるのです。なぜならいま遺伝子工学で起きていることは、その延長上にあるのですから。

――ショアーは、それ以前のあらゆる出来事から私たちを分かつ、歴史の切断をもたらしたのではなく、反対にその先にある道を指し示したのですね…。

それは原型でした。ショアーは終点ではなく、始まりです。そういう意味ではコミュニズムとはまったく違います。ナチズムはコミュニズムとは違い、不幸にしてまだ未来があるのです。科学を巻き込むというファシズムの悲劇的な運命がそこにはあるのです。ですからただ単にアーリア人の、ナチス親衛隊の、ゲッベルスの、そしてヒトラーのファシズムがあったというわけではありません。そこには**研究室のファシズム**があったのです。私たちはいま遂にその極限に到達し、さらなるざまざまな極限に直面しようとしています。そこにあるのは、歴史的な意味での「終末」ではなく、言葉の幾何学的な意味での決定的な「極限」です。私たちは金魚鉢にぶつかっている金魚のようなものです。私たちはガラスを通してその先を見ています。しかしその先に行く手段を持ち合わせていない。すでに二〇世紀は過ぎ去り、終わったのです。私たちは未知の方に、歴史のない世界の方に向かっているのです。社会学的なものであれ、精神分析学的なものであれ、マルクス主義的なものであれ、解釈方法の基盤をなしてきたあらゆるものが、もはや明らかに不十分なものになっています。経験的な今までの認知のし方では理解しえない世界に私たちはすでに突入しているのです。実際、平和の中で、戦争の中で、政治の中で、宇宙の中で、何が起きているのか、また原子力科学に置き換わり二一世紀にはメジャーな科学になろうとしている遺伝子工学の中で、何が起きているのか、それを理解できる参照基準が失われています。私たちはブラック・ホールに入ってしまっているのです。

科学の軍事化

——科学はもはやいかなる限界も持たないということですね。

　もはや科学にはいかなる倫理的な限界も物理的な限界もありません。人工知能（ＡＩ）による自動化さえ進められようとしているのが現状です。私たちは比類のない現象を前に立ち尽くしている。科学の持つ哲学的な側面に終止符を打つという事件に立ち会っている。科学は、言葉の通俗的な意味では哲学的ではありません、しかしその根本は哲学的なのです。

——科学は哲学を基盤にしていました。それは**コギト**〔コギト・エルゴ・スム。「我思う、ゆえに我あり」（デカルト）〕でした。存在と現実は熟考の上に成り立っていたのですね。

　しかし、それが今まさしく自動化されているのです。そしてローマ法王が「私たちは科学の軍事化を目撃している」と言うとき、それは科学の終わりを目撃しているということを意味しているのです。科学の終わりとは科学がストップすることではありません。あるいは手押し車の時代に逆行しているということでもありません。そうではなく、ポスト科学時代に入っているということです。テクノ科学はポスト科学的なものです。情報爆弾はその手段であり、その絶対的な兵器なのです。

——それは科学が死んだのちに生まれた科学ですね。科学は生き延びられなかったということですね。

それは科学の死後に生まれた科学です。そして悲しいかな、速度が時間よりも重要になって以来、こういったことすべては、私の考えに確信をもたらすようになったのです。アウグスティヌスの哲学〔『告白録』四〇〇頃〕やハイデガーの哲学〔『存在と時間』一九二七〕を読んでも、時間の概念についていえばさほど進歩はありません——もちろん他の領域でなされた大きな進歩に比べればという話ですが。私には速度という概念の登場がすべてを変えたように思えます。速度という面では、あらゆるレベルで進歩を遂げました。演算、知識、伝送といった速度だけでなく、輸送や移送などあらゆる面で速度が上がったのです。この全面的な速度上昇により、哲学—物理学の中軸は爆破され粉々になってしまいました。そして速度は私たちの生きている世界を老化させ、疲弊させ、消尽させる段階へと入ってしまいました。私たちは抑留状態に戻りつつあるのです。囲い込み《エンクロージャー》と監禁状態に戻りつつあり、さらには排他状態へと入りつつある。たしかに私たちは出口をもたらす脱出速度を手にしました。しかしその出口は**どこにも行かない出口**なのです。いや空虚やブラック・ホールに向かうと言った方がよいかもしれません。大気圏外にはまったく光がないのですから。

人工知能（AI）

——知識の自動化はやはり速度と関係があるのでしょうか？　それとも単なる補完手段にすぎないのでしょうか？

私たちは熟考から反射運動へと、移行してしまったのです。状況が加速されるとき、私たちは熟考することなく、反射的な反応行動を取ります。加速度と速度の上昇は、演算に影響を及ぼすだけにはとどまりません。その影響は人間行動の評価や決定にも及び、それによって私たちは固有の時間、構想する時間、熟考する時間を喪失してきたのです。速度の上昇によって私たちは同じ演算を繰り返すフィード・バック・ループに投げ入れられ、相互作用《インターフェイス》の場を失ってしまったのです。時速三〇〇キロを越える速度で運転している状態を想像してみてください。私たちはもう私たちではありません。私たちは興奮状態に陥ります。もはや哲学的な熟考を巡らすことはできません。純然たる即時反応しかできないのです。

—それは基本的には錯乱状態ですね。

それは技術がもたらす幻覚状態です。しかしそれはレースで車に乗っている「フォーミュラ・ワン」ドライバーが感じる高揚状態ではありません。それは政治家の錯乱状態です。それは速度環境に閉じ込められときにすべての人が陥る錯乱状態です。速度は時間の問題であるだけではなく、**環境の問題**でもあるのだと私はずっと言い続けています。速度は一つの環境です。いや、速度は環境**そのもの**であるとさえいえるのです。今まで私たちが建築について話してきて明らかになったのは、環境は時-空にとどまるものではなく、速度空間であるという事実です。人体によって地球本体につけられた名前が環境です。しかしこれからは、ほとんどすべてのものが環境になるのです。驚くべき新事実、驚くべき大革命とは、**速度革命**なのです。それを否定できる人はいません。継起的時間や時間秩序といった意味での歴史を超えたところに速度学《ドロモロジー》は存在しています。私はここでフランシス・フクヤマの話をしているわけではありません。歴史が変わったわけではありません。歴史の時間速度が変わったのです。歴史速度の加速化は、リアリティの加速化をもたらし、私たちと現実との関係を変容させ、瞬間移動の問題が持ち上がるまでになっているのです。瞬間移動のことは先ほど話し合いましたが、ここでいう瞬間移動は、SFにあるような原子や分子の分解や再構成によるものではなく、私たちの存在と行為を遠隔転送するものを指します。話を再び瞬時双方向活動《インタラクティビティ》の問題に戻しましょう。

――人工知能（AI）はいまだ知能（知性）といえるでしょうか？

いいえ。人工知能はよくいわれるように演算処理です。それ自体、取り立てて反対する理由はありません。しかしなぜ、それを知能（知性）と言うのでしょう？　コンピュータの知性が人間の知性を上回っているといえますか？

――私たちが先に話したワーウィック教授、マイクロチップを体内に埋め込んだあのワーウィック教授〔本書一二二、一三六頁参照〕はそれを疑ってはいないでしょうね。デジタルメガネを装着したスティーブ・マンと違って、ワーウィックは高度な知能機械によって人間が置き換わるという考えに高揚感を抱いているように思えます。実際、彼は次のような提案をしているのです。もし機械が私たちよりも知能が高ければ、「もう少し自分の時間を得る」ために人工頭脳学《サイバネティクス》に頼ってもいいのではないか、人間の神経システムをコンピュータに結びつけ、全面的に新しい感覚領野を開くというのはどうだろうかと。もし、体内に埋め込まれた移植物からの信号がデジタル変換されれば、あらゆる種類の操作が可能になり、人と人とのあいだで情動信号を交換し、痛みという信号さえ交換することができるようになると…。そうすればスーパーインテリジェント機械につながれた移植チップを通して、**サイボーグ共同体**が発展し、実際に「超人」が作られることになるだろうと言うのです。ワーウィックは早くからこのテーマに乗り出していました。すでに彼は初期レベルのロボットを夢見ています。そして自分がサイボーグ化するのを今か今かと待ち構えています。「人間が機械と合体したら？　一体どうなるだろう…。サイボーグ化した人々は、人間の一歩先を行くことになるだろう…」[48]、こう思いを巡らしているのです。

（48）Kevin Warwick, "Cyborg 1.05," in *Wired Magazine*, February 2000.

人工知能について私たちが疑念を示すと、彼らは「さてさて。人間は十分な速さで計算することができないのだから、もっと速くするためにこいつを発明したのさ」と反論します。しかしそう言ってしまったら、何も言っていないのと同じでしょう。速ければよいというわけでは必ずしもないのですから。私たちはそのことを知りすぎるほど知っています。人工知能というのは、計算を優先して熟考の信用性を貶める一つの手段ともいえるのです。物質的なものと精神的なものは結びつかなければならない。そのことを私がどれだけ深く考えているか、あなたはご存じですよね。私は輪廻転生の信奉者ではありません。でも肉体と精神を分離できるとは思いません。精神と呼ばれているものについて思いを巡らせることなく、肉体を改良できるとは思えないのです。しかも人工知能の介入、はっきりといえば**情報爆弾**は、段階的に起きるレベルの出来事ではありません。だから受け入れることはできません。人工知能は逸脱です――それはこれまでとは異質なものです。こういった観点からすれば、認知科学は馬鹿げています。私がまともに話のできた唯一の認知科学者は、自己組織化論で有名なチリのフランシスコ・ヴァレラ〔一九四六-二〇〇一〕です。彼は現象学者でしたからね。私も現象学者で、今後も現象学者であり続けるでしょう。ドゥルーズたちにも自分は現象学者だと言っていますよ。私か思うに、フッサール〔一八五九-一九三八。現象学の創始者〕はハイデガーより遙かに重要です。そろそろ目覚めるべきときです。私たちはいまだフッサールと現象学を乗り越えていないにもかかわらず、そのことを忘れつつあるのです。それはとてもひどいことですよ。仮にフッサールと現象学を乗り越えていたなら、私は真っ先に現象学を忘れることができたでしょう。しかしそれを乗り越えていません。私たちはそれを投げ出し機械に任せてしまっている。人工知能や認知科学主義を通して機械任せにしている。ところが、機械任せにできるというのは幻想で、機械任せは、私たちが少し前に話した熟考の解体の一部をなしているのです。

――機械の速度は人類の役に立つ、それは当たり前のことだと決めつけられているのですね。

そう、その通りです。二世紀後、機械の速度が私たちにもたらすのは何だと思いますか?

全面事故

――人類の遺伝子操作は科学の事故ですね。

ともかく、この科学の事故は今までに起こったことのない事故です。たとえアウシュヴィッツ・ビルケナウの研究所――ここで言うのは研究室であって、絶滅やガス室のことではありませんよ――が科学の事故の原型であったとしてもね。繰り返していえば、アウシュヴィッツは人類に対する犯罪であったとともに、科学の事故の始まりなのです。今、私は事故の概念について集中的に考察を進めているところです。

――先ほどあなたは、知識の軍事化が最悪の政治をもたらすと仰しゃっていましたね。科学の事故は政治の事故にもつながるのでしょうか？　実際、事故というのは、「他の手段による政治の追求」になっていくのでしょうか？

戦争はもはや旧来の戦争ではありません。クラウゼヴィッツが『戦争論』で描出した軍隊による政治の延長線上にある戦争ではないのです。現代の戦争は事故です。まさしく全面的な事故です。私たちは突発的クーデタといえるようなものの瀬戸際に立っているのです。それはいく人かの将軍によるクーデタではなく、軍事＝科学クーデタです。事故が政治以外の手段による政治の継続だとすれば、どれだけマキャヴェリ〔一四六九－一五二七〕やクラウゼヴィッツの地政学的思想、哲学思想と正反対の性質を持つものかは理解できるでしょう。そうである以上、このことは自ずと熟考すべき重大な出来事なのです。その考察に一生を費やしてもよいほどの出来事です。最初に言い始めたのは私だと思うのですが、私が言っているのは、**事故は戦争の新しい形だ**ということです。それはギリシャ・ローマやユダヤ・キリスト教のモデルを存続させるには十分なものです。まさしく私たちは「黙示録」〔世界の終末と再生〕という言葉に立ち戻りつつあるのです。聖書とは何でしょう？　それは戦いの書です。旧約聖書では戦争は決して終わりません。大量虐殺は決してストップしないのです。そして旧約聖書「ヨシュア記」に記された次のような事実は、慈善事業家で貧者の救済に一生を尽くしたピエール神父〔一九一二－二〇〇七〕や受難の思想家シモーヌ・ヴェイユなど多くの人々にショックを与えました。「ヨシュア記」の一〇章に記されている神は、モーセの後継指導者ヨシュアの願い、戦闘が優位に進むよう太陽を中空で停めおいて欲しいという願いを叶えます。ヨシュアは運行が停止した太陽の光を盾で反射させ、その光を攻撃者たちに向け、盲目状態にしたのです――そう、それは戦争にほかなりません。神は旧約聖書でどう呼ばれているでしょう？　軍神です。思い起こして欲しいのですが、その同じ神がキリスト教徒である私自身の神でもあるのです。ユダヤ人の神というだけではないのです。それは彼らの神であると同時に私の神でもあるのです。同一の神なのです。ほかに神はいませんから。それではこういったことのすべては、一体何を意味しているのでしょう？　それは、聖書は黙示録〔旧来の王国の滅亡と新しい地平に広がる共同体の到来とを啓示〕の書だということを意味し、黙示録は「創世記」以来、いつも、毎日起きていることを意味しているのです。それは決して止むことはないのです。**人間は世界の終わり**[*]です。それが聖書の意味です。こうして最終的に私たちは新約聖書を手にし、キリストを手にし、黙示録を手にしているのです。**準備万端**。歴史は同じコースをたどっています。そのことについては疑いようもありません。ただ現在の歴史では、科学が大きな役割を果たしているという点が違うだけです。

＊アーミティッジ編集の『ヴィリリオ・ライブ』（Edited by John Armitage, *Virilio Live: Selected Interviews*. London: Sage, 2001）という対談集の中で、ヴィリリオは次のように語っている。「私たちは人間である〔死ぬ運命にある〕からこそ、存在しているのです。

私たちは事物の終わりであるから存在しているのです。私たちは死との関係の中におい存在しているのです。命の終わりとの関係で、私たちは男であり女であり、力強く、詩人なのです…ですからそれは巨大な終末です。生命そのものがその終末なのです——**人間は世界の終わり**——。世界の終わりはヒロシマではなく、あなたであり、私なのです。事物の終わりが私たちの生命です。私たちが意識を持つのは人間である〔死ぬ運命にある〕からです」(P.156)。

—シモーヌ・ヴェイユは、ヨシュアによるカナン人*の大虐殺をヘブライ人たちだけでなく旧約聖書の神も容認したと考え、強い嫌悪感を抱きました。これに対してエマニュエル・レヴィナス〔一九〇六-九五。現象学や実存主義、ユダヤ思想を背景に独自の倫理学を展開〕は、神はそのような虐殺行為を正当化しなかったと考え、むしろ逆に、神は自らの民を、すなわちヘブライ人たちを、血の絶対的な恐怖に曝していたのだと解釈しています。**

＊ノアの孫カナンの血を引く一一部族の人々。カナンという地名は、レバントと呼ばれていた現在のイスラエル、パレスチナ、レバノン、西ヨルダン、西シリアにまたがる土地を指す。

＊＊ *Difficile liberté*, Paris, Albin Michel, coll. « Présence du judaïsme », nouvelle édition aug. 1976, 3e édit. 1983, 4e édition 1995, 5e édition 2006に再録されているエマニュエル・レヴィナスの「聖書に反するシモーヌ・ヴェイユ」に書かれている言葉。神は悪に対して同情をするものではなく、法-正義というものを示すことによって、血の絶対的な恐怖があることを民に学ばせたと解釈する。

「戦争はすべての母」です。

—戦争はすべての母かもしれません。ただ、すべての戦争の母はもはや存在しません。戦争の性質がすっかり変わりました。ちょうど速度の性質が第一次大戦からすっかり変わったように、戦争の性質は第二次大戦からガラリと変わりました。

まさしく。

――コソボやコソボで起きた虐殺をモデルとした戦争は、もはや起きないでしょうね。

ええ、コソボは小規模な作戦行動であり、戦場にすぎませんでした。現代の戦争は事故です。第二次大戦がどのように終結したかを見てください。全面事故で終結したのです。私たちは爆弾で終わったと教えられています。そう願いたいものです。しかし実際には爆弾が終わらせたのではありません。原子爆弾は**科学を完全破壊した**のです。原子爆弾は広島と長崎を破壊しただけではなく、それ以上の破壊を行ったのです。それは科学の絶滅の始まりを記すものだったのです。そして現在ではさらに情報爆弾と遺伝子爆弾によって、その仕事の仕上げが行われようとしているのです。

まさに最悪

――シモーヌ・ヴェイユは、ギリシャの幾何学にまで遡って、政治と科学を同時に考察し続けましたね。

あなたが、解放された自由な女性より、解放することに力を尽くす女性たちの方に関心を寄せるのは当を得ています。なぜなら後者は、私たちに伝えるべき多くのことを持ち合わせているからです。彼女たちは科学の事故、政治の事故、知識の事故について、他の誰よりも遙かに的確な考えを持ち合わせていました。科学から哲学や宗教を切り離すのは専門化のためです。その専門化によって科学が滅び始めているのです。そして専門化を推し進めるために、私たちは次々と自動装置を作らされているのです。

――ですから、科学の神格化は科学の黙示録ということですね。

最良のものは最悪のものです。それはどんなときにも当てはまります。善と悪は分かちがたいものです。イソップ物語の言葉がいまだに素晴らしいのはそのためです。コンピュータ科学をどう思う？　とか、電脳《サイバー》爆弾や、人工知能学《サイバネティクス》や、仮想空間《バーチャルスペース》についてはどう考えている？　と人に尋ねられたとき、私はイソップと同じ言葉で答えます。最良のものは何ですか？　情報技術ですよ、では最悪のものは何でしょう？　情報技術ですよと、いう具合にね。今日、私たちは新しい技術に対して、口をポカーンと開けたままの楽観主義に陥っています。おそらくそれが最近の体制順応主義の実情だと思います。善と悪の二面性は楽観主義にすり替えられがちです。楽観主義は善、悲観主義は悪というわけです。それは倫理の学問形式です。アカデミックとメディアには馴染みのものです。しかし思想家はそういった楽観主義者でいるわけにはいきません。そうでければ思考を放棄していることになります。遺伝子操作技術が最良で最悪だと言っているのは次のような理由からです。たしかに人間の総遺伝子を解読して「生命の書」をコントロールできるようになれば、病気の治療を促進するかもしれません。しかしそれらの技術は、たちどころに、すべての人々を対象に、完全な健康体をも対象に使われるようになることを私たちはよく知っています。〔笑〕知っていますよね。そういったことがバイアグラ〔経口インポテンツ治療薬〕でも起こっているのを？　バイアグラは性的不能症のためのものです。ところがそれを使う人は本当に自分を性的不能症だと考えているのでしょうか？　もちろん違います！　ある人にとってそれは興奮剤です。そして私たちが技術を発明するとき、いつもそういった同じことが起こります。いつもポジティブな楽観的な側面にライトを当てて、ネガティブな側面を覆ってしまうのです。私たちは二重拘束《ダブル・バインド》の中で生きているのです。技術というのはダブル・バインドです。技術は、進歩を遂げれば必ずそれに応じて破局も大きなものとなるのです。まず始めに、私たちは新しい技術を発明します。そして私たちは、結局お金を儲けるために、自然の豊かさを不毛なものにしているのです。おわかりですよね。

―科学は何らかの方法を使えば何とか自己管理できるとあなたは考えていらっしゃいますか？　科学のよりポジティブな側面を強化しようとすることは可能なのでしょうか？　科学的でポジティブな「優生学」のようなものはありうるのでしょうか？

さて、私にそんなことを聞くべきではありません。現代の検閲制度がどんなものかご存じですか？それは宣伝広告です。私に対して、「あなたが言っていることは身の毛がよだつ」と言う人々に私はこう答えます。「毎年どのくらい多額のドルが検閲キャンペーンの宣伝広告に流し込まれているか知っていますか？　六〇〇〇億ドルです」と。検閲の力は宣伝広告の名のもとで、あるいは場合によっては「報道」という名のもとで行われているのです。黙らせる力は、現在、今まで以上にとてつもなく異様なものになっています。私の批判は、「新時代」や「超ー人」といったプロモーションに比べるといかほどのものでしょう？　研究のあらゆるポジティブな側面が、本やテレビのショーやカルトやテクノ・カルトやテクノ・デモを通してどんどん広められているのです。ですから自由である唯一の手段は楽観主義を拒否することです。イソップのようにね。あなたはヒルデガルト・フォン・ビンゲン〔一〇九八―一一七九〕をよくご存じですよね。ドイツの劇作家ハイナー・ミュラーの死〔一九九五〕に際して私が彼に捧げたヒルデガルト・フォン・ビンゲンの言葉を、ここで繰り返しましょう。ヒルデガルト・フォン・ビンゲンは詩人であり音楽家でもあった並外れた女性です。今から九〇〇年ほど前の人ですが、ライン河岸の修道院にいた当時、王の教師役を務めていました。まるでキリスト教徒のローレライ*といったところです。彼女は**人間とは神の奇跡の終焉だ**という素晴らしい言葉を残しています。終止符、です。キーワードはラテン語の「終焉」（closula）という言葉にあります。この女性は――これが女性であるのは偶然ではありませんよ――、人間こそ世界の果て（end）だと言っているのです。世界の心臓ではなく、また世界の中心でもない。彼女は人間中心主義でも、地球中心主義でもありません。そういった人間・地球中心主義の考えはしばしば誤ってキリスト教やユダヤ・キリスト主義に結びつけられているのですが。ヒルデガルト・フォン・ビンゲンは、それとは正反対のこと、人間は創造の終わりだと言っているのです。でも「終わり」（end）とは、厳しい言葉でいえばラテン語の「終焉」（closula）です。それについてはラテン語学者たちに私は話したのですが、**終焉**は、大破局の観点から見ても、力の観点から見ても、人間の最終的な側面なのです。

*「ローレライ」はライン河岸の岩上に出没し、美しい歌声で船人を誘惑して船を沈没させたという伝説の水の精。

人間が果てである

――人間が世界の果て（終わり）であるという言い回しは、実際どんな意味なのでしょう？

一つ一つ順を追って話を進めましょう。果て（終わり）というのは、世界の果て（終わり）を意味しているのではありません。それは**ある一つ**の世界の果て（終わり）を意味しています。それは歴史を作ってきた実物世界が結末を迎えているということであり、**人間が終焉する**ということです。身体をめぐる新発見もまた結末を引き起こしました。しかし人間たちはその結末を、科学技術の進歩、発展を通して引き起こしたのです。結末は私たちの中にあり、私たちの眼前にあるのです。その意味で私たちは終末というより、結末を生きているのです。人間の先に行くことはできません。人間は結末であり、世界を**終結させて**いるのです。人間は世界に終止符を打つ存在です。人間は世界を閉じるのです。人間は果てです。言い換えれば、人間は完成と同時に、結末をもたらし、責任を負うのです。それがキリストの受肉です。しかも同時に、人間は人間を終わらせる存在です。ですから、おわかりでしょうか、人間が世界の果てであるというとき、それを何かネガティブなものと考えることができると同時に、ポジティブなものと考えることもできるのです。人間は宇宙の歴史の中心ではありません。人間は末端です。それは果てです。人間には見込みがありません。これがユダヤ・キリスト教や初期の哲学の知識から私たちが得たものです。ギリシャ人が重要なのはその点です。人間の遺伝子的進歩というものはありません。

遺伝子的手段によって人間を改良することはできない。超ｰ人は存在しないのです。ただ人類という人間が存在するだけです。それがキリスト教の考え方です。ですから、あらゆる遺伝子改変の研究は、科学それ自身の破局、科学の死に至るしかないと私には思えるのです。あるいはこういう言い方がよければ、そういった研究は科学の全面事故に至るしかないと思っているのです。そう、私には人類の先というものはありません。スーパー人間は存在しないのです。「しかしわれわれはより優れた人間を見つけることができるのでは?」と言う人々がいました。なるほど、そういった人々が強制収容所への道を選んだのです。技術によって人間を改良することはできない。モラルの観点からそう言っているわけではありません。私は絶対的な反ｰ優生学主義者なのです。

——ということは、パーフェクトな人間とは実際には粗悪な人間ということですね。

私たちはナチス主義者たちを通してそれを知りました。ある種の宗教、ある種の宗教的ヴィジョン、あるいはある種のイデオロギー的ヴィジョンの中では、超ｰ人は完璧な人間なのです。そして私たちはそういったヴィジョンがもたらした破局を、すでに人種絶滅という形で目撃したのです。ユダヤ人の絶滅、他の人種の絶滅といったことを繰り返すのは、まったく馬鹿げたことです。人間は世界の果てなのです。そして倫理的な意味でも世界の果てなのです。そこにナチズムが復活しようとしている。しかも、今度はとてつもないスケールで…。

――地球規模での？

私たちが想像すらできない規模で。

事実を知ること

――現象〔や事実〕を理解するためには、すでに存在しているものをつなぎ合わせるだけで十分ですから、もはやそれほど理論を突出させる必要はないようですね。作家のウィリアム・バロウズ*が言っているように、パラノイアは事実を〔すでに〕知っています。〔だから改めて理論化を図る必要はない〕。理論とは〔現象や〕事実を知るための手段ということですね。

＊一九一四－九七。五〇－六〇年代のビート・ジェネレーション（アメリカを中心に興った順応主義や人間の画一性に反逆する世代）を代表する作家の一人。宇宙時代の神話を作るという意図でさまざまなメモとコスモポリタン的体験をカット・アップ手法としてつなぎ合わせた作品を作る。私生活ではドラッグや性的嗜好によって数多くのエピソードを残している。とりわけ、ドラッグを使用中に妻とウィリアム・テルごっこをして妻を射殺してしまった事件は大きな反響を呼んだ。

理論とは説明ですね。ここで「全面事故」の特質を考えてみましょう。全面あるいはグローバル事故と私が呼んでいるものの性質です。旧来の輸送革命の技術が引き起こしていた事故は、特定の、ローカルなものでした。豪華客船を発明したとき、人間は「タイタニック」号の事故を生み出しました。また、電力を生み出したとき、人間はチェルノブイリ事故を生み出しました。これらはローカルな事故です。

私はあえてチェルノブイリはローカル事故であると言っています。たとえ炉心溶融によってヨーロッパが汚染されているにしても、それはまだローカル事故です。他方、サイバネティクス技術による事故は、全面事故になってしまうものです。それは同じ瞬間に全世界が瞬時に関わる事故になってしまうものです。巨大な規模の事故は私たちの限界を超えています。私がこの考察に全力を尽くしているのはそのためです。

――以前、私たちは株式市場の大暴落という側面から、事故について話をしたことがありますね。

ええ、それが瞬時性の一つのイメージです。大暴落で粉々になるのは明らかに価値のシステムです。それは科学そのものが粉々になるということです。科学は死の危険にあるのです。それが次にやって来るものです。

――どのように科学は死ぬのでしょうか？

まず**過剰速度**によってです。私たちがコンピュータや人工知能を糾弾するとき、一体何を糾弾しているのでしょう？　私たちは機械やロボットに反対しているわけではありません。それではお伽話です。適切にいえば、私たちは過剰速度に反対しているのです。速度は科学の否定となりうるものです。速度が力だと考えれば、その力は他のすべての力に取って代わることができる。科学的知識の力を含めて乗っ取ることができるのです。この過剰速度は、人工知能とロボット工学というイデオロギー装置を経由しますが、それよりさらに遠くへ行きます。もっともっと遠くにです。そしてそのこと自体がまた全面事故の一部となっているのです。これはなかなか分析するのが難しい論理です。なぜなら私たちが先ほどまで議論してきた個々の科学の事故は、まさにこの全面事故とリンクしているのですから。

―それに全面事故は、情報、自由貿易、そしてグローバル市場を制御する絶対的な双方向機能の別名といえますね。

全面事故は情報のサイバネティクス次元と結びついているので、きわめて複雑です。それについてやるべき仕事がまだあります。とはいえ現時点では、まずそのネガティブな側面をしっかり検討すべきだと思います。私に向かって「もはや批判は不可能だ」と言う多くの人々に、私はこう答えています。逆もまた真なりとね。今では批判**以外**のいかなる可能性もなく、批判だけが残された可能性だとね。それというのも、こういった傾向をせき止める力をもはや私たちは持ち合わせていないからです。なぜでしょう？　それは広い意味での知恵といえる哲学的な力や宗教的な力に、もはや頼ることができなくなっているからです。

暴走列車

―巨大な権益もまたそこに賭けられていますよね。企業や多国籍産業の…。しかしそれに歯止めをかけられないようにしている何かが、科学自身の中にあるのでしょうか？

私の考えでは、それが速度です。現象の高速性が人々を抹殺してしまうのです。現象が絶対速度に到達すると、「暴走」が発動するのです。それはどんな分野でもそうです。もし広告掲示板の脇をゆっくりと歩くとすれば、それを見ることができます。でも、ものすごい速度で通り過ぎれば、何も見えなくなります。しかもこれは個人のレベルの中で起きていることではありません。速度の気絶効果は、速度を通して、速度そのものの力の中で作り出されているのです。速度の力は富の力よりも強くなっていきます。時は金なり、そして速度は力なりです。今日、絶対速度の力、ライブ伝送の力、サイバネティクス情報の力はこのように強力なので、武力集団、軍隊、警察などに依拠していた旧来の力では——たとえ富の力に依拠したとしても——、もはやそれを阻止することができないのです。「**暴走」は進行中です。**これは緊急事態です。

—このことはあらゆる分野に当てはまりますね。遺伝学によって木々の成長が早められ、季節が廃棄され、さらなる進化が期待され…。

まさしくそれは演劇です。それは**機械仕掛けの神**です。困難に際し、舞台上方から機械仕掛けの装置に乗った神が降臨し、突然強引な解決をもたらすギリシャの演劇装置です。それがいまグローバルな規模で稼働しているのです。強引な解決をもたらすその機械装置は、速度にほかならなかった。今日、こうした演劇装置に由来する速度は、現実世界において、政治的現実に、社会学的現実に、軍事的現実に適用されていますが、そういったすべての現実への適用は、軍事と科学の複合産業から生まれたのです。

それを忘れてはなりません。私はアイゼンハワー大統領〔一八九〇－一九六九〕が一九六一年にホワイト・ハウスをあとにする際に行なった最終演説をしっかりと覚えています。彼はこう言ったのです。「軍産複合体に気をつけよう。それはわれわれの民主的な価値をすべて破壊するかもしれない」と。やれやれ、それは始まってしまったのです。実際にそうなってしまった。軍産複合体はすべてのものを破壊している最中なのです。

——すべてのものを破壊するためには、もはや東西のブロック間の競争すら必要としないのですね。むしろ今では私たちの破壊力は指数関数的に増大していますから。

ええ必要としません。その破壊力はまったく独自に稼働しているのです。こういった観点からすれば、湾岸戦争は、核に代わる第二の抑止力を探していることの例証でした——あなたは私の本〔『砂漠のスクリーン』*〕を読みましたよね。何か他の抑止力を探し求めていたと考えないかぎり、バルカン半島で行われたアメリカ軍によるテストや武装行動**を理解することはできません。実際、それは事故をもとにした抑止力となるでしょう。事故は、他の手段による政治の継続になろうとしているのです。政治を継続して遂行するのは、もはやクラウゼヴィッツが言ったような軍隊による旧来の戦争ではありません。それを継続して遂行するのは事故であり、**しかも全面事故なのです**。大きな謎はその事故の性質です。新しい抑止力と手を携えているその事故の性質です。私たちはある種のクーデタ、しかし将軍たちによるクーデタではなく、軍事・科学複合体のクーデタに向き合っているのです。

* Paul Virilio, *L'Écran du désert : chroniques de guerre*, éditions Galilée, 1991.

**東西冷戦までは、陸・海・空の戦線が形づくる岩石圏《ジオスフェア》の戦争だった。しかし湾岸戦争は、戦争が情報圏《インフォスフェア》の戦争になったことを明らかにした。新しい戦争は、初めての全面的電子戦争であり、戦争の中心にはスクリーンが置かれ、それをＣ３Ｉ（命令《command》・制御《control》・コミュニケーション《communication》・インテリジェンス《intelligence》）により管理して行われた。ドローンカメラで偵察が行われ、カメラを着けられた巡航ミサイルが標的に向かい、カメラに写った情報によってパイロットはさらに標的への追尾をする。アメリカにいる軍司令は即座に、ありとあらゆるところからくる映像と情報を使って、ディレクターのように戦争を進める。ローカル空間が消え、政治的な交渉の場を消滅させた戦争は、情報と軍事技術が主導するようになる。背後にいる国民も、ＣＮＮのテレビで二四時間戦争の現場を目撃していた。しかし同じ時間を共有している多くの国民は、スクリーン情報だけが眼に入り、戦争に至る歴史、背後に潜むものは記憶から消し去られていた。事前に「敵は大量破壊兵器を所持して、使おうとしている」という強力な宣伝工作によって判断の基準となる記憶が洗脳されていたのだ。こういった新しいグローバル型の情報戦争をアメリカは湾岸戦争で試していたとヴィリリオは『砂漠のスクリーン』で語っている。

——ソヴィエト連邦がもろくも崩れ去った今、敵（いわゆる「赤い国家」や国際テロリズムと呼ばれたものの亡霊に代わる敵）の捜索は、もはや純然たる劇ではありません。劇もまた現実になりうることは明らかです。その舞台を占拠し続けようとすれば、ますます現実化は進むのです。

ええ、抑止力において、敵は自国以外のすべての人たちです。アメリカがこの間ずっと探し求めている第二の抑止力に対して、第一の抑止力の黎明期の話をすれば、それはアメリカ合衆国だけが唯一爆弾を持つハネムーン期間だったといえるでしょう。つまり、たった一つの力が全世界をコントロールできる前例のない瞬間だったということです。しかしそれはあまり長くは続きませんでした。ローゼンバーグ事件*が起き、第一の抑止力の時代が終わります。ですからここで言いたいのは、いま行われているのは第二の抑止力の模索であるということです。もう一度新しい抑止力の形を、言い換えるなら、**すべてをブロックし、すべてをコントロールする**ための形を、探し出す試みなのです。それは全面的なテロリズムと言っていいかもしれません。

＊ソ連に原爆の設計情報を漏らした容疑でアメリカのユダヤ系市民ローゼンバーグ夫妻が連邦検察庁に逮捕され、一九五三年に死刑に処された事件。

帝国幻想

――一九九九年にアメリカの上院議会が包括的核実験禁止条約（CTBT）の批准を否決したのは、そういったわけだったのですね。

それ以外に否決の理由は説明しようがありません。

――当面アメリカ帝国は、二面戦略によって自分たちの優位性を維持しようとしているように思えます。一つはグローバル化と自由貿易、そしてもう一つは戦争技術の完成という二面戦略によってです。全世界規模で国境を開きながら、アメリカの覇権を全世界に押しつけるというものです。クリントン〔大統領在任一九九三－二〇〇一〕は前者を使った説得によるニンジン作戦を掲げ、ブッシュ・ジュニア〔大統領在任二〇〇一－〇九〕は後者を使ったムチ作戦に出たのです。アメリカの賭け金は、ペンチで無理やりこじ開けるように脱領土化を図る、この二つの戦略に使われています。そのようにしてアメリカは、自由放任主義が世界中に生み出している大乱流〔地域紛争、原理主義者の脅威、底なしの貧困など）を電子権力の高みから観察しているといえるでしょう。

それは完全な常軌逸脱です。それはまったく夢想家の考えることです。すでに言ったように、解体しつつある社会によって世界を組み立てることはできないのです。自国を切り離し、距離を隔てて他国の解体を維持し続けようとするのは、カオスの働きがどのようなものかを理解していないことの現れです。誰もカオスから免れることはできません。カオスであるグローバル化が世界全体に広がれば、それはアメリカをも飲み込むものになるのです。私たち一人一人が、人間としても肉体としても、無秩序なカオスの脅威に、現実のカオスの脅威にさらされるということです。アメリカもまた他の国々と同じように、解体しつつある国なのです。

―アメリカはまさに建国のときからカオスの上に成り立ってきました。それがアメリカですね。

そうそう。でも私が実際に言いたいのは、世界の中でアメリカ以外の部分がしっかりしていれば、私たちは自分たちを救うことができるということです。しかし世界が解体しつつある中で、交換の加速化によって、あるいはさまざまな標準や制度の解体によってすべてが解体していくとき、未来はありません。ですからアメリカが思い描いている世界は、帝国幻想だと私は思っています。アメリカは相変わらず地理的幻想、海軍幻想に浸っているのです。海軍幻想ですよ。アメリカは植民の国家です。実際には一度も植民地化されたことのない唯一の植民国家です。そこに合衆国の海軍の役割や航空母艦の役割があるのです。植民国家とは何でしょうか？　それは自国領土の沿岸警備を行うことによって、政治をコントロールする国家を意味します。砲艦政治によって成り立つ国家です。そういう国なので、アメリカは時間圧縮があることを忘れてしまったのです。もはや沿岸国境は存在しないという事実、いや最後の沿岸国境は現在では航空軌道しかないという事実を忘れているのです。しかし航空軌道警備をしたところで、社会の解体や社会組織の解体によって都市が大混乱に陥っている問題を解決することはできません。私たちはバルカン半島で起きた状況〔大国や地域がさまざまな利害対立から分裂していく状況〕に直面しているわけではないのです。私たちの目の前に広がるのは国内の**社会秩序の崩壊**です。一九六八年に私は理解しました。大きな脅威とは、アナーキー化でもバルカン化でもなく、シチリア化*だということを。言うなれば社会体系の喪失です。すべてが瓦解するのです。組織も法も共同体の価値も…。シチリア出身のイタリア人作家レオナルド・シャーシャ〔一九二一－八九、イタリアで最初にマフィア告発小説を書いた〕は、よくこう言っていたものです。世界はバルカン化によってではなくシチリア化によって脅かされているのだと。私はさらにその先に踏み込んで、グローバル化によって解体する世界を脅かしているのは、社会体系の崩壊であると断言します。私が言いたいのは、参照基軸を喪失し、すべての区別がなくなってしまったことが脅威の基になっているということです。

*ここでいうシチリア化とは、社会の中で権力を握る教会や政治家などの腐敗に伴って政治・社会機能が解体し、マフィアが影で力を持つようになる状態を指している。

――そういった状況は新技術の圧力のもとで、人間性からきわめて多くの部分を剝奪しながら進んでいくのですね。

解体は至るところで、いやすべての場で起きています。解体しているのは人間の地理的空間であり、心理的空間であり、生理心理－物理学的空間です。解体は、大きな領土的身体、小さな動物〔生物〕的身体、そして社会的身体に同時に影響を及ぼします。社会的身体は今、解体途上にあります。そういえるのは、国家の終焉によって、そこから一つの世界－国家が、言い換えれば最終国家、全体国家が生まれてくる可能性もおそらく無くなってしまうと思えるからです。

――それこそアメリカ型のユートピアの終焉ですね。

ええ、アメリカ型ユートピアの終わりです。最後の身体、つまり動物〔生物〕的身体、言うまでもなくそれは固有身体のことですが、それはふつう領土的身体と社会的身体という二つの圧力に支配されています。ところが領土的身体の圧力はきれいサッパリ無くなってしまい、さらにもう一つの社会的身体の圧力も解体しつつあるのです。そういったところでは、生殖の構造、生産の構造が不安定になり、そして当然のことながらあらゆる抵抗力が失われていきます。その初期段階がマフィアを生み出すわけですが、現在ではそういった状態がコロンビアでもシエラレオーネでも起きています。そして今後はいかなるところでもそれがまかり通るようになるでしょう。

――すべてが双方向関係で結ばれていると。

将来、すべては双方向的になるでしょう。成り行きとしては、すべてがです。

—アメリカ帝国は、**政治レベルで**幼虫国を作ったり、モンスターを作ったり、妄想の怪獣キメラを作ったりすることで自らの優位性を主張しているだけにすぎない。遺伝子操作レベルによってではなく、紛争を一触即発状態に置き続けることによって優位性を主張している。ですから紛争は取り返しがつかないほどエスカレートすることはありません。別の言い方をすれば、それによって大混乱を管理操作しているということですね。

そして私が感じていることを言葉にすれば、アメリカは死にかかっているということです。アメリカが死にかかっているということは、世界が死にかかっているということです。グローバル化はアメリカ化を乗り越える現象です。昔ながらのフランスのマルクス主義者の多くは、いまだに反米あるいは反先進国というものに関心を寄せています。でも私はそういったものはすべて過ぎ去ったものだと思っています。グローバル化、それはアメリカの終焉なのですから。

—アメリカが世界になったら、世界は終わりですね。

世界は終わり、したがってアメリカは終わりです。こういったことすべてはホワイト・ハウスを越えて進みます。私たちは暴走列車の現場に立ち会っているのです。そしてこの状況は、遺伝子組換え植物や遺伝子組換え人間にもまた当てはまるのです。

—これはアメリカ合衆国だけの問題ではないということですね。

ええ。それは全世界を巻き込むものです。すべての人々をね。

—ということは、ある意味、それが私たちの向かっている場所だということですね。

私たちはその途上にいるのです。

—万事休す。私たちはその途上にいる。止めどもない道を暴走中だと。

パリ／ニューヨーク　一九九九年一一月－二〇〇一年五月

結　黄昏の夜明け

ユナボマー□大量殺人者□事故兵器□チェルノブイリと世界貿易センタービル□人類学的地平□大規模攻撃

ユナボマー

――聞き手　ロトランジェ　あなたは**ユナボマー・マニフェスト**[*]を気に入りましたか？

＊本名セオドア・ジョン・カジンスキー。アメリカで一九七八年から始めた連続爆弾事件により、三人を殺害、二三人にけがを負わせた〔本書一三一―一四頁も参照〕。ユナボマーという名は、捜査中のＦＢＩが事件の舞台となった場所にちなんでつけたコードネーム「大学と空港の爆破犯」（University and Airline Bomber）の頭文字を取ったもの。九五年に彼は自分の主張を大新聞に掲載すれば「テロ活動を停止する」とニューヨーク・タイムズ社に手紙を送りつけ、彼の書いた犯行マニフェスト「産業社会とその未来」がワシントン・ポスト紙とニューヨーク・タイムズ紙に全文掲載される運びとなった。中身は二部構成で、前半（第一部）はテクノロジーが現代社会にどのような負の影響をもたらしているのかを綿密に分析したもの。知識人の多くはこの前半部分を、明晰な分析だと認めている。しかしそれに続く後半（第二部）は、テクノロジー社会に対抗するためには「社会にストレスと不安定」をもたらせばよく、そうすれば革命が起きるという単純なもの。ユナボマーは九六年四月三日に逮捕され、現在（二〇一九年八月）も収監中。

ヴィリリオ　全米各地に爆発物を送りつけたセオドア・カジンスキーは、とても興味深い性格ですね。正直に言って、彼の「産業社会とその未来」と題された犯行マニフェストを読み終えたとき、こいつと会いたかった、彼にいくつか言いたいことがあると私は思いました。

―実際にあなたが言ったかもしれないようなことを数多く彼は語っていますね。

私は単純にそのマニフェストに反対だとはいえません…。テロリズムはとんでもないことで、論外で、もちろん私はそれには反対です。しかし彼が破局にある工業社会の危機を分析している箇所にはまったく賛成です。私は彼の分析の正確さに驚きました。そのマニフェストは技術社会論で重要な著作を残したジャック・エリュール〔一九一二―九四、フランスの思想家〕やハンス・ヨナス〔一九〇三―九三、ドイツの実存哲学者〕――社会的責任の原理*――を思い起こさせます。またハンナ・アーレントのある側面を体現し、さらに現代文明のすべての批評家を思い起こさせるものです。

*ジャック・エリュールは『技術社会』（一九五四）を著し、ハンス・ヨナスは『規範としての責任性――技術時代における倫理の探求において』（一九七九）を著し、ともに産業社会がもたらす倫理問題に鋭い分析を行っている。

―あなたの考えに全面的に賛成です。問題は、資本主義社会はその矛盾を切り抜けられないかのように彼は考え、資本主義社会の内部矛盾を頼りしていたことですね。そのやり方は弁証法的な悪魔払いです。それでは具体的で明確ないかなるものにも行き着きません。ですから自分流の革命しか思いつかなかったのです。

私にしてみれば、その時点で終わりです…。

―彼には思想が足りなかったのですね。

彼は八方塞がりの状態と、産業の差し押さえと、世界の収縮を見事に描き出しました。ですから、もし彼が描出した事態がそのまま進み続ければ、すべてが爆発するのです。しかしそうなるためには、革命は必要ありません。

―彼はすべてが爆発するであろうとは信じていなかったに違いありません。そうでなければ、まだ全面的に爆発が始まったわけではないのに、なぜあのように産業システムの破壊へ私たちを駆り立てたのかが理解できません。手製手紙爆弾で作動させた爆発は、全面的な爆発の貧弱な代替物にすぎなかったのです。それは革命ではありません。単なる殺人です。ともかく彼の**マニフェスト**の実現プロセス面は、全体として見ると、ほとんど説得力がありません。

彼が実名で語っているマニフェストの第二部は最悪です！〔第一部で〕多くの物事を明確に指摘した繊細で知的なこの男が、何かを提案する段になると大馬鹿になってしまうのです。彼を引っ摑んで、「もうたくさんだ。いい加減にしろ！」と言いたくなるほどです。批評分析に限れば、かくも素晴らしいことをいえるのはなぜかと思わせるほどなのに、それ以外の面では何もよいところが見当たらないのですから。

―あなたならおそらく第二部を書き換えることができると思うのですが…。

オー、とんでもない。どうやって手をつけたらいいのかわかりませんよ。

—でもあなただったらそれがどう帰着するかがわかると思うのですが。

いいえ。私にとって、あらかじめ運命を定められたものは何一つありません。そういった意味で、私はまだ希望を持っています。三つの爆弾には、それを生み出した源泉を消滅させてしまう力があります。でもその力は潜在的なものです。ですから、原子爆弾、情報爆弾、遺伝子爆弾のそれぞれのシステム内部に入り込み、今までとは違ったやり方でそれらと闘うことはできるのです。ソフトウェアの内部に入ること、それが私たちの仕事だと考えています。それは神としてではなく人間として、遺伝子爆弾と格闘することです。人工頭脳学《サイバネティクス》とは違うものを生み出すために、人間として遺伝子爆弾と格闘することです。来たるべき世界のすべてが吹き飛ばされてしまうことを避けるために核爆弾と闘うことです。ですから世界は終わったとは思いません。私はニヒリストではありませんから。自らの恐怖の化身である天使と闘ったヤコブ*のように、私たちは闘わなければないないと言っているのです。一人一人が天使と格闘しなければならないのです。それはすさまじい闘いです。ユナボマーの闘いよりも遥かに重要な闘いです。まさにユナボマーが成しえなかったのはその闘いです。

*「創世記」に出てくるユダヤ人の始祖の一人。神との夜通しの闘いに勝ち、神から祝福とイスラエルという名をもらう。

—ヤコブは天使と闘いましたが、手紙爆弾で天使を殺しはしませんよね。

大量殺人者

その通り。それがユナボマーの中に大量殺人者の姿を認める理由です。たとえ彼の背後にいかなる明確な考えがあるにせよ、彼を大犯罪である大量殺人者と考える理由はそこです。逮捕後に語ったセオドア・カジンスキーの言葉は次のようなものでした。「人々が思い起こすためには、大量の犠牲者が必要なのだ」と。

―そう言い始めたのはヒトラーでした。そして彼はかなりの成功を収めたのです。今また、ヒトラーはCBSテレビの娯楽部門で大評判を博しています。若きヒトラー、孤独な青年…。

カンジンスキーとまったく同じその言葉を、二〇〇二年にパリ郊外ナンテールの町議会で銃を乱射し、議員八人を殺害、一九人に負傷を負わせたダーンという男も言っています。彼は市庁舎で三七発の銃弾を発射し大量殺戮を行ったあと、翌日の尋問で自白しその言葉を口にした直後に窓から飛び降りて自殺しました。この事件の背後には、「みんなに私のことを思い出して欲しい」という言い方で、カジンスキーがはっきりと語った言葉と同じ言葉が見い出されます。これは一つの範例作用です。実際、ダーンが起こしたナンテール事件の六カ月後、今度はスイスでも似たような事件が続いたのです。それらは、ハイパー・テロリズムや人道に対する罪につながる犯罪の範例作用です。いま現在、私たちは二機の自殺ジェット旅客機を話題にしているのですが〔二〇〇一年九・一一事件〕、今後は放射能爆弾――いわゆる「汚い」爆弾――がニューヨーク、パリ、あるいはロンドンを居住不能にするかもしれません。二〇〇二年、パリの民家でウラニウムの売買取引をしていた人々が逮捕されました。ですから、いずれそのようなレベルで放射能爆弾が作られていくことは避けられないでしょう。しかしそれは、ドッカーンと爆発する広島のような原爆ではありません。それは放射能を撒き散らす爆弾なのですから。大量殺人について私が関心を抱いているのはそれがもたらす集団効果です。私たちが思い起こさねばならないのは、その効果を高めるには大量の犠牲者とマスメディアが必要だということです。

――大量殺人はマスメディアの創作物で、私たちはみなその犠牲者というわけですね。大量殺人に使われる伝統的なテロリストの論理は、たいていそういうもの〔マスメディアを利用したもの〕でした。しかし日本の赤軍派やイタリアの赤い旅団の場合は、殺人行為をより慎重に選別しながら行うと同時に、イメージ批判もしていたのです。彼らは、メディアがすでに大衆《マス》であったことを理解できなかったか、あまりにもそれを深く理解しすぎていたのかもしれませんね。

私たちがここで手にしているのは、犯罪のモデル化現象です。世界貿易センタービル〔九・一一事件〕はまさにそれを確信させるものです。モハメド・アタ〔一九六八―二〇〇一、エジプト生まれ〕とその仲間は、世界貿易センタービルに激突しました。その後ほどなく、ビショップ〔カリフォルニア州東部の都市〕から来た少年がタンパ〔フロリダ州西部の都市〕を離陸し、アフガニスタン戦争の戦闘指令基地のある上空を通過したあと、アメリカ銀行に激突しました（二〇〇二年一月五日）。一五歳の少年は、飛行機の操縦を習い始めた高校生で、操縦はほとんど知らなかったそうです。「ぼくはビン・ラーディンだ」――少年は国際テロ組織アルカーイダの領袖オサマ・ビン・ラーディン（一九八八－二〇一一）の真似事遊びをしたのです。それからミラノの高層ビルに飛行機を激突させたイタリア人が続きます（二〇〇二年四月一八日）。あれは事故だといわれていますが…事故だと主張する人々は、私たちを間抜けと思うでしょう。しかし、たしかにイスラムを名乗る攻撃ではないものの、それらはモデル効果で起きたのです。二つ事例が生まれるや、もっと事例は増え始めます。これはメディアの**数量効果**です。メディアは集団効果を使って、集団にだけ働きかけるのです。ユナボマーの中に、この世界的テロリズムの先駆者を見ることができるでしょう。私が彼に関心を持つのはこの点にもあります。彼はインタビューを受けるべきですね。私だったら彼にこう聞くのです。「なあ相棒。いま刑務所にいるお前の話には関心がない。でも世界貿易センターについてどう思う？」とね。彼は自分の考えを持っているはずです。彼に会ったことはありますか？　驚くべき存在です。彼の書いたものを読めば、桁外れの人間であることは確かです。

――ビン・ラーディンもまたとても興味深い存在に思えます。カジンスキーは、「隷属を嫌う人々」を立ち向かわせるには大量のショック療法により社会的ストレスを高めるに限ると提言しています。彼の見解に与すれば、二〇〇一年九月一一日はまさに治癒だったということになります。

ある意味、新たなテロリストはそれを実現しています。しかもまだ始めたばかりです。世界貿易センターは新しい戦争の夜明けです。

事故兵器

―もはや名前をハッキリと語らず行われる戦争ですね。

その通り。でも重大な危険は攻撃と事故が混同されてしまうことです。テロリストが匿名になり、戦争宣言を拒み、自ら名乗り出すことを拒み、犯行声明を出すこともなく、場合によって死に至り、自からを語ることができなくなった場合、もはや攻撃と事故は区別をつけることができません。それは火薬の発明に匹敵するほどの戦争技術革命といえるでしょう。それはすべてを変えます。**敵を見分けることができなければ戦争に勝つことはできません**。これは信じがたい出来事です。一九八二年に起きたフランスのトゥールーズでの爆弾事件もいまだに正体不明です。彼らは足跡を残しません。その不確かさがよりいっそう危険なのです。いま都市の中ではさまざまな衝突も起きていますし…。

―事故は最終的にはテロリズムの代替になりうるのでしょうか?

まさしく、イエスです。事故は戦争行為の新しい形です。ユーゴスラヴィアの首都ベオグラード〔二〇〇三年ユーゴ解体を経て二〇〇六年セルビア独立後にセルビアの首都〕にアメリカ軍が落としたグラファイト爆弾〔停電を引き起こす爆弾〕に関連し、私はすでにそう言ってきました。新しい爆弾は通常イメージされる武器とは違います…。武器とは何でしょう？　それは事故を生み出す道具です。事故を誘発する機械です。偶発的に事故を起こす機械ではありません。創造と破壊を意図的に行う機械です。アメリカ人がある国全体を暗闇と停電に投げ込むためにグラファイト爆弾を発明するとき、彼らはある意味、全面事故のリハーサルをしているのです。もはや破壊ごっこはしないのです。同じことが中性子爆弾*にもいえます。この爆弾は物理的な破壊を目的として使用されるものではありません。その目的は、住まいを破壊せず人を住めなくすることです。そういうやり方はそれ以上の問題を引き起こしません。ですから同じ論理が使われるようになります。彼らは爆弾を使う代わりに事故という武器を使うのです。それは停電〔グラファイト爆弾〕であったり、情報爆弾であったりするのです。しかしそれらはサイバネティクスのメルトダウンを引き起こすのですから、その点では**リアルな爆弾です**。情報爆弾は大規模なエネルギーのブラック・アウトを引き起こしうるのです。全世界の電気が一度に遮断されたと想像してみてください。ＳＦの世界ですでにご存じのように、ドミノ効果によってとんでもない破局を引き起こします。私たちはそういう論理性の中で生きているのです。グラファイト爆弾によってアメリカ人は事故‐兵器を探し求めています。そして別の側ではテロリストが同じ技術を使い始めているところです。

＊核爆発の際、発生する中性子の比率を高めることによって、爆風などによる直接的な殺傷より、人間をはじめとする生物を放射線障害により死傷させることを目的とした核爆弾。

チェルノブイリと世界貿易センタービル

――しかしそれは小規模ですね。

いや、今でも真珠湾攻撃のときより多数の死者が出ています。そのことを考えてください。真珠湾攻撃のときには、日本軍はアメリカの艦隊、航空母艦などに向けて攻撃を仕掛け二六〇〇人の兵士を殺しました。一方、ビン・ラーディンの今回のケースでは、二機の飛行機が二棟のタワービルに激突することによって三〇〇〇人が死んだのです。二つのビルがすぐに倒れずある程度持ちこたえたのは奇跡でした。ふつうの状態だと、衝撃と火によって一五分でビルは倒壊するはずですからね。私は数人のフランス人技師たちとともに「フランス・キュルチュール」ラジオ局でその分析をしました。まず第一に、この衝撃でビルはわずかな時間で完全倒壊していたかもしれません。なぜなら床面積を広く取るために、コンクリートに芯材が入っていなかったからです。フランスでは、建物の安全対策として、必ず芯材を入れて建てなければなりません。それは樹の幹のようなものです。芯材がなければ、あのレベルの衝撃力だとビルは倒壊します。もしあの一撃で二棟がすぐに倒壊していたら、四万人の死者が出たでしょう。それに周辺の地上にいた人たちのことを考えてみてください。そうすると五万人あるいは六万人の死者が出たかもしれません。一撃で七万人が死んだ広島に近づきます〔一九四五年末の実際の推計では一四万人前後といわれている〕。いや正確にいえば、広島の数字は放射能汚染によるその後の犠牲者を数に入れていません。また長崎の場合はもう少し死者が少ないのですが同じことがいえます〔一九四五年末の推計では七万人前後といわれている〕。ともかくツインタワービルは衝撃と火に一時間あまり持ちこたえました。金属建築物としては驚くべきことです。びっくりです。どうしてびっくりしたかがわかりますか？　金属建築物は発火を引き起こすからです。燃えるという意味ではありません。そうではなく、壁が捩れ、天井が落ちるのです。一瞬にして三〇〇〇平方フィート〔約九〇〇平米〕ほどの天井が崩落し、その下の階の天井を崩落させ、次々にバタバタと下の階へと落ちていくのです。私たちが試算したのはそういった状況です。ですから一時間という時間が少なくとも三万人の命を救ったのです。それは消防士と神の導きによるものでした。私が神の導きといった言葉を使うのは、技術工学的にはまさに一時間も持ちこたえられないケースだったからです。防火システムの点から見ても、衝撃緩和システムの点から見ても。また、技術者は灯油の火が引き起こす今回のようなケースを見落としていました。彼らは、家具の火、電気の火、電圧の急変などについては想定していましたが。映画「タワーリング・インフェルノ」（一九七四）に見るような高層ビル火災は、まず起こらないだろうと…。

──建築資材についてはどうでしょうか？

無数の窓ガラスが粉々に割れました。また他のガラスの多くも灯油の燃焼によって割れました。それによって温度の急上昇を招きました。ニューヨークの消防士は真のヒーローです。ベトナム戦争のアメリカ軍兵士たちのように壁に名前が刻まれるに値する人々です。私は彼らが顕彰されることを望みます。

それはチェルノブイリの原子炉を埋めるために、そこにセメントを流し込んだソ連の人々と同じ種類の英雄的行為です。その行為は彼らの命を賭けたものです。私は昨日スヴェトラーナ・アレクシエーヴィッチ〔一九四八‐。ベラルーシのノーベル文学賞作家〕と一緒だったのですが、彼女が私にそれを教えてくれました。軍隊から来た約一〇〇〇人が犠牲になり、その後消防士たちがやって来て引き続き一時間セメントを流し込んだというのです。もし彼らがそうしなかったら、危険物質は爆発していただろうと。もしそうなれば、チェルノブイリの危険物質は広島の八〇倍にも上り、ヨーロッパの半分は居住不能になっていただろうと。そのとき、おおよそ一〇〇〇人の「清算人」が死んだのです。「清算人」とは彼らが使っていた言葉で、作業にあたっていた人たちのことです。

——彼らは防護用具を持ち合わせていなかったのでしょうか?

防護用具はありました。でも彼らはそれを身に着けることなく緊急事態が起きている中心部に入って行ったのです。彼らは放射能を遮断する鉛やダイビング・スーツを身に着ける必要があったのですが、いち速く駆けつけなければならなかったので、防護服を着ることができなかったのです。昨日スヴェトラーナと会ったとき、二時間ほど話をしました。彼女の『チェルノブイリの祈り』（一九九七）という本をご存じですよね。彼女は私たちが今まで聞いたこともないような話をしてくれました。その話は劇化されてアヴィニョンの演劇祭で上演もされました。彼女は現場で作業にあたったソ連の消防士たちに直接会い、彼らの目撃談を彼らが死ぬ前に記録したのです。いく人かの消防士はヘリコプターの中で火傷をし、輻射熱でひどい酸化状態にさらされていたそうです。こういった男たちもまた真の英雄です。彼らのことも同時に思い起こすべきです。スヴェトラーナはこう言っていました。自分にとってチェルノブイリは二〇世紀最大の歴史的事故だったと。そしていま唯一比べることができるのは世界貿易センタービルの出来事であると。このとき私は、私たちが新しい現象に直面しているのだと悟りました。エコロジストでは、この現実に対処することはできません。実際、終末論的なパーティーに向かって進んでいるのですから。終焉のパーティーに向かってね。世界の終わりではありませんよ、そうではなく有限性の終わり、囲い地《エンクロージャー》の終わりです。

—技術による終焉…。

技術による、そして技術の損傷による終焉です。

—私たちは結局グルっと一周してユナボマーに戻りましたね。

人類学的地平

これは悲観主義ではなく、政治的なリアリズムです。人類学的な期待の地平*が存在するのです。中世には、大きな不安、救世主待望論、千年至福説といったものもありました。しかし近代における期待の地平は完全に別物です。近代に目を転じるとそこには三つの地平が存在します。一八世紀に現れた第一の期待の地平は**大革命**によって始まります。それは一七六〇年代のイギリス産業革命に始まり、一七八九年のフランス革命を経て、一九一七年のロシア十月革命から一九九一年のソ連解体まで続きます。ソ連崩壊は革命という期待の地平の終わりを記すものです。革命は戻って来ないでしょう。革命は事前に排除され、グローバル化が革命を出し抜いてしまったのですから。原型となった革命への期待の地平は数多くの革命を産みました――産業革命、ブルジョワ革命、十月革命等々。これは進歩です。そこから生まれ出ることになる第二の期待の地平、その最初のものが一九一四年の**第一次大戦**でした。それは依然として政治的なものですが、クラウゼヴィッツの先を行っています。私たちはその地平の中で三つの世界大戦を経験します。まずサラエボ事件を発端とする第一次大戦、次にアウシュヴィッツや広島が象徴する第二次大戦、そして宣戦布告なき第三次の世界大戦――冷戦、死へのチキンレース、抑止力、テロの平衡状態、相互確証破壊〔通称ＭＡＤ。先制攻撃を受けたら相手に大打撃を与えるだけの核兵器を持つという戦略〕などが象徴する戦争――を経験するのです。この第三次の世界大戦によって、第二の期待の地平は終止符を打ちました。続く第三の期待の地平は**大事故**で、最初の一団はエコロジー派です。ただしエコロジストたちは期待の地平を上手く体現できていません。それはあまりにも汚染、花、鳥、酸性雨などに関心を寄せすぎているからです。ここでの事故は遙かにそれを超えたものです。それは知識の事故、全面事故、世界規模の大事故に関わる事故で、それが現在の進行中なのです。しかも革命、戦争、事故、こういったすべてのものが相互関係で結ばれて、釣り竿のように入れ子式になっているのです。

＊ここでいう「人類学的な期待の地平」とは、時代を形づくるさまざまな要素を受容して作られた先入観（時代精神）で未来を

見るとき、未来に広がる風景の中に見い出すことのできる新たな地平を指す。もともと「期待の地平」とは、文芸批評で使われる用語。受容理論では、作家－読者という二分法を超えて、さまざまな情報（作家、読者、広告、批評、噂、社会状況…）が交錯して作り出される場が「本」であると考える。

―ということは事故のあとには何もないということですか？

当面のところはね。今は第三の地平の夜明けですから。私はエコロジー派が終末論的な流れを、終末論的な党派を予示していると思います。そして何らかの形で世界のテロリズムはそれに結びついていると思います。世界のテロリズムが自殺的な特徴を示しているはそのためです。それに加えて次のようにいわせてください。自殺的な側面は決してアラブ的なものでも、イスラム的なものでも、フランス的なものでもありません。

―それは日本的なものですね。フランスの作家・映画監督のミカエル・プラザン〔一九七〇－〕は二〇〇二年に「狂信者たち――日本赤軍について」という作品でそれに関わるドキュメント映画を作っています。それはゾッとする物語です。彼ら日本赤軍は明らかに第二次大戦の神風特攻隊士たちが残したものを拾い上げている。[49]

（49）Michael Prazan, *Les Fanatiques. Histoire de l'Armée Rouge Japonaise*. Paris: Editions du Seuil, 2002.

そうです。全学連の日本赤軍派はパレスチナ人によるパレスチナ人民解放戦線（ＰＦＬＰ）に入りました。日本の過激派運動指導者の一人である重信房子〔一九四五－〕は二〇〇〇年に逮捕され、いま日本で収監されています。彼女は「過激派の女王」として知られた女性活動家でした。一九七〇年の日航ハイジャック事件のあと、中東に行きました。そしてパレスチナのテロリストたちを汚染させた一人です。というのは、彼らに自殺的テロ攻撃という種――その言葉で足りないかもしれませんが――**を蒔いたの**ですから。それは言語道断としか言いようがありません。自殺テロというのはイスラム教にもキリスト教にもまったく関係のないものです。ところが現在、人々が「殉教」を口にするときには、かつて日本軍が行った自殺攻撃をイスラム化したやり方になってしまっているのです。あなたはいつ彼女が生まれたかご存じですか？

――広島のときだったと…。

一九四五年九月二〇日〔実際は二八日〕、広島原爆投下の一カ月後です。これは認めなければならないことではあるのですが…。

――私は最近、広島を題材とした今村昌平〔一九二六－二〇〇六〕監督の初期の映画「黒い雨」（一九八九）を観ました。まさしく九・一一攻撃の直後に見たのです。ニューヨークでほぼ三〇〇〇人の犠牲者が出ました。でも誰一人としてそのとき広島を話題にしようとは思わなかったのです。同じように私たちはもはやハイジャックの話をしていません…。

大規模攻撃

ええそうですね。物差しがまったく変わってしまいました。私たちは**大規模攻撃**の時代に足を踏み入れてしまったのです。少なくともテロリストが狙っているのはそれです…。今日では、いかなることも可能です。ハイジャックや車爆弾といった枠を超えてしまえば、すぐさま核、細菌、化学物質といったテロの可能性を探ることになるでしょう。ドアは広く開かれているのです。九月一一日はパンドラの箱を開けたのです。この新しい状況の中で、ニューヨークはかつてのサラエボです。サラエボは第一次大戦の引き金となりました。ニューヨークはグローバル化の第一次大戦の始まりを告げる攻撃なのです。クラウゼヴィッツの戦争形態とはまったく異なる激戦、市民戦争なのです。

——市民戦争が世界戦になったと…。

…そしてそれはもはや以前の戦争の形とはまったく関係がありません。国旗にも、宣戦布告にも、軍服にも、勝利を伝える戦報にも関わりのない戦争です。そういった意味で、アメリカ陸軍は、アメリカの軍隊は、アメリカの空軍は、ああ、彼らは何の役にも立たないのです。今回、ペンタゴンに激突した飛行機はその一例でしょう。ある意味、アメリカはすでにある種の戦争で遅れを取っているのです。

パリ　二〇〇二年五月

訳者あとがき

本書は現代思想を横断するポール・ヴィリリオと聞き手シルヴェール・ロトランジェによる三回に分けて行われた対談の記録 Paul Virilio&Sylvère Lotringer, *Crepuscular Dawn*,:New York, Semiotext(e), 2002の全訳です（Semiotext(e)社の現所在地はカリフォルニア）。ヴィリリオのよき理解者ロトランジェの絶妙な問いかけにヴィリリオが答えるこの対談録は、第Ⅰ部および第Ⅱ部が一九九九年一一月から二〇〇一年五月にかけてパリとニューヨークで、また「結」は二〇〇一年九・一一事件（アメリカ同時多発テロ事件）の翌年五月にパリで、それぞれ行われた対談を三部構成で収録したものです。九・一一直後のヴィリリオ自身の肉声が収められた、極めて貴重な記録となっています。

ロトランジェについて

ヴィリリオの話を引き出す聞き手役、ロトランジェは一九三八年パリ生まれ、ナチス占領下のパリで幼年時代を過ごしたポーランド系ユダヤ人。高校時代から文芸活動を始め、ソルボンヌ大学在学中は議長としてアルジェリア植民地戦争に対する反戦運動を主導、六三年に大学院に入学しロラン・バルト（一九一五－八〇）とリュシアン・ゴルドマン（一九一三－七〇）を指導教授として博士論文を提出したのち、トルコやオーストラリアでの教員を経て、七〇年代よりアメリカの大学で教鞭を執り始めています。リオタール、デリダ（一九二四－九八）、ガタリ、ドゥルーズ、フーコーなど、フランス現代思想を代表する人々の紹介をはじめ、新しい思想地図をアメリカに広げた多彩な顔を持つ文化人の一人です。

一九七二年からはコロンビア大学でフランス文学・思想を教え、同大学の卒業生らと七四年にニーチェ哲学やソシュール（一八五七－一九一三）の記号理論を扱う学術紙「セミオテクスト」を創刊します（その後同紙はすぐに雑誌の形を取る）。その紙名をとった出版社 Semiotexte(s)が発信源となり、七五年にはフーコー、ロナルド・レイン（一九二七－八九）、ガタリ、リンドン・ラルッシュ（一九二二－二〇一九）といった思想界のトップランナーたちを集めて公開討論会「狂気と文化」を開催、七八年には当時最先端にいたさまざまな前衛文化人による「新しい会議」（The Nova Conventon）を開催するなど、高度な文化理論とアングラ文化を共存させる試みを積極的に展開しました。こうした新しい文化運動を通して、Semiotext(e)は編集者ロトランジェのもとで大きな影響力を持つ存在となりました。八〇年代になるとニューヨークの文化シーンが急速に変わり、ロトランジェは「セミオテクスト」誌の定期刊行を停止します。しかしそれと入れ替わるように、世界の最先端にいる理論家たちの「なまの理論」の提供を目指し、八三年からはForeign Agents（外国叢書）という新たなシリーズを創刊します。本書『黄昏の夜明け』も、斬新な視角で現代社会に切り込む同シリーズの一冊として刊行されたものです。その後、ロトランジェはイタリアのアウトノミア運動に関心を寄せ、アントニオ・ネグリ（一九三三－）らとともに出版活動に携わるなど、現在も国際的な舞台の最先端で活躍を続ける行動派知識人として知られています。

＊　＊　＊

ヴィリリオの歩みとその思想

科学技術は人類の歴史に大きな痕跡を残してきました。実際、農業革命（富の蓄積）、産業革命（市場交換システムの拡大）、そして情報革命（実時間と実空間の圧縮および無化）の三大技術革命は、その都度、人間社会の形を大きく変貌させてきました。なかでも第三の技術革命である情報革命は、人類社会に決定的な変化をもたらしました。実空間と実時間を極度に圧縮し、無化することによって、実物世界の基本構造を作り出している個人と社会に以前とはまったく異なる質的変化を引き起こしたのです。それは現在進行中の現象です。

ヴィリリオは、情報革命が個人と社会に引き起こすその変化を「速度」という概念から解き明かします。一見抽象的に思えますが、ヴィリリオの思索の道筋をたどれば、それは必然的に導かれる概念であることが見えてきます。

ヴィリリオの思索の足跡を簡単にたどってみましょう。彼は一九三二年パリ生まれ。幼少の頃より絵画に興味を抱き、絵画、舞台美術、映画ポスターなどを製作、造形への興味からパリの高等工芸学校（現フランス国立高等工芸美術学校）でステンドグラス製作を学び、同時にソルボンヌ大学でドイツ語と哲学、とりわけ現象学を学んだのち、生業としてステンドグラスの製作に携わり、画家のアンリ・マティス（一八六九－一九五四）やジョルジュ・ブラック（一八八二－一九六三）とともに仕事をします。原点となる絵画では静物画に関心がありました。ただしその関心は、「事物」を精緻に写実することにではなく、ものの手触り、風の動きといった目に見えない「生きた現実」を「静物の形」にすることにありました。そしてソルボンヌ時代にメルロ＝ポンティ（一九〇八－六一）の講義に接し、そこで語られた「自分が事物を見る行為は、事物が自分を見る行為である」という「知覚の両義性」に大きな影響を受けたことで、人間が生活する場、つまり「人」と「空間」が交差して生まれる「生きた居住空間」へと関心が向かい、建築家としての仕事を始めることになりました。

　このような背景を持つ芸術家として出発したヴィリリオにとって、壁と床の直交空間の中で「身体」の動きを閉じこめる近代建築は大きな違和感を感じさせるものでした。そこに住まう人々の「身体」の運動性を解放し「くつろげる場」としての条件を満たしてくれるのが本来の「住居」ではないのか？　しかし戦後次々に作られる建築は、それとは反対に、近代のオートメーション化が強要する身体拘束を、この「居住空間」の中に持ち込んでいました。

　一九六三年にヴィリリオは若手建築家たちを集めて、仲間のクロード・パランとともに「建築原理」グループを立ち上げ、「身体の動きを解放する居住空間」を創出するために「斜め空間機能《フォンクシオン・オブリック》の建築」を構想します。傾斜した床で身体運動を引き起こす建築、壁を斜めにして両面を使う位相空間《トポロジー》構造の建築、直線よりも曲線を意識した建築、現代では多くの施設で見ることのできる斬新な建築法を展開するのです。六六年、その思想原理をパランとの共著『建築原理』にまとめ、実際にいくつかの建築物を設計し、同年にはパランとともに聖ベルナデット礼拝堂（フランス中部ヌヴェール市）を建造します。この教会は現在、二〇世紀歴史遺産になっています。

　しかし、自らもその担い手であった一九六八年パリ五月革命という歴史的事件を転機に、ヴィリリオは「空間」から「時間」へ、さらに「時間」から「速度」へと思索のフィールドを広げます。五月革命は、人間の「部品化・商品化」を推進して人間を「雇用」と「消費」の檻に閉じこめる近代社会システムへの異議申し立てでした。学生、労働者、市民たちは、「想像力が権力を奪う」「禁止することを禁止する」といった象徴的な言葉を掲げながら、「人間」の想像力や創造力の復興と心身の解放を求めて立ち上がりました。このときヴィリリオは、自らの建築フィールドに新たに登場した情報技術（「効率」の名のもとに心身の拘束を強制する技術）とそれに取り込まれた居住空間のもとではもはや「建築原理」が機能しえないことに気づいたのです。

情報技術によって新しく生まれた情報空間は、居住空間の土台をなす実空間と実時間を一挙に廃絶するものでした。リモコンでスイッチを入れれば身体の移動なしに、情報の移動のみによってテレビが点きます。これは、実空間の身体移動によって生み出される基本的な時間の「隔たり」や空間の「隔たり」が消えてしまうことを意味します。身体を動かす代わりスイッチを押すだけになった居住空間の中では、身体は固着し、不活性化します。電化と情報化が生み出すこの新たな居住空間のもとで、身体の運動性の解放を目指す「建築原理」運動はその意味を剝奪されてしまったのです。

こうした事態に直面したヴィリリオは、都市というさらに大きな実空間を利用して、「住居」に閉じこめられた身体を解放する「時間の建築」へと向かいます。一九六八年からパリの建築専門校（ESA。国立美術《ボザール》学校の古典的な建築教育を刷新する目的で作られた学校。近代建築を学ぶ学校としてはフランス最古）の教授を務め始めたヴィリリオは、「時間の中に住む建築」というテーマで学生とともに新たな試みを開始します。たとえば月曜日はA市、火曜日はB市に住む…といったように。

しかし、このテーマによって浮かび上がってきたのは、近代社会システムが生み出す社会構造のパラドックスでした。定住先のないかつての「流浪の民」とは違い、現代社会の「流浪の民」は至るところに住まいを持ち、自在に移動する豊かな人々です。ところが貧者はあくまでバラックの「定住者」でしかないという現実が目の前に広がっていたのです。結局、「空間の建築」も、「時間の建築」も、ふつうの人々の身体を解放するには不十分な取り組みではないのか、このときヴィリリオはそう考えます。

　こうしてヴィリリオは建築の世界から新たな世界の模索へと動き出すことになりました。六八年の担い手であったヴィリリオには、自由思想、心身の解放、社会の解放といった血脈が流れ続けています。それを追求するために、六九年からはJ＝M・ドムナック（一九二二－九七、ジャーナリスト）とともに「エスプリ」誌の編集委員を、七五年からはガリレー社の「批評空間」叢書の責任者を務めるなどして、パリの論壇での仕事に重点を移しながら、「身体拘束をもたらす社会・空間・時間の組織化」というテーマに本格的に取り組むことになるのです。その鍵が「速度」でした。

　かつて現象学を学びメルロ＝ポンティの講座を聴講した経験を持つヴィリリオは、「速度」の働きを次のような論理で考えていきます。身体の移動速度を上げていくと、それに応じて生活空間で知覚される物理空間はどんどん圧縮＝縮小されていく。一〇分の散歩で知覚されていた広大な時空は、新幹線の中では一瞬に過ぎ去る一幅の風景に圧縮されてしまう。身体速度が実空間と実時間を圧縮し、生活時空の形を変えているからだ。しかし質量を持つ身体は、実空間の中では光の速度に達することができないので、当然ながら圧縮＝縮小には限界が生じる。ところが、光の速度の情報移動が生む空間では、身体移動のない静止状態であっても、身体が知覚する物理空間の圧縮＝縮小は突然極点に達する。そこに現れる新しい空間は今までの空間とはまったく異なる空間であり、もはや「住みにくい」空間ではなく、「住むことのできない」空間となる。現代ではこの新しい空間が生活空間の多くを形づくっている…。

　このように考えた上でヴィリリオはこの状態を次のように認識します。私たちは、光の速度によって突然現れた仮想空間《バーチャルスペース》と現実空間《リアルスペース》とが作り出すパラレルワールドの中で、「ステレオ現実」（両空間が組み合わされた現実）を生きている、そして速度が組織化している世界に依存しながら生きている、と。

　「速度」が生み出すこうした人間世界の変容を、ヴィリリオはその後、一連の著作を通じて考察していきます。まず一九七七年に、速度の考古学ともいえる政治社会史

『速度と政治――地政学から時政学へ』を書きます。これは馬車、ガレー船、列車、飛行機といった速度の高速化のプロセスがどのように社会を変容させてきたかについての考察です。九〇年には、物理学的・哲学的アプローチによる速度研究『極の不動』（邦題『瞬間の君臨――リアルタイム世界の構造と人間社会の行方』）を通じて、絶対速度＝光速度の作り出す世界が人類を大きな岐路に立たせている現状を明るみに出します。そして九三年には、音速を超える速度、重力脱出速度、光の速度という三つの速度革命を生み出した現代文明社会の批判的研究『エンジンの技術』（邦題『情報エネルギー化社会――現実空間の解体と速度が作り出す空間』）によって、「速度の政治経済学」の提唱へと向かっていくのです。

本書『黄昏の夜明け』第I部では、以上のようなプロセスをたどったヴィリリオの思想的歩みを中心に対話が進んでいきます。

速度が生み出す「新しい戦争」

本書第II部でヴィリリオが取り上げるのは、こうした速度革命が今では遺伝子改良技術によって身体内部へと向かい、身体の整備、生命そのものの改変に手をつけ始めているという衝撃的な出来事です。そして、私たちの「個人の身体」を根底から変えてしまうこの出来事を、新しい装いの優生主義の復活、新しい植民地主義の台頭、「新しい戦争」の勃発として捉え、警鐘を鳴らします。

第I部で本人が語るように、「戦争」はヴィリリオの原点です。ヴィリリオにとっての第二次大戦は、当時多くの人々が体験した戦争とは違った装いで彼に襲いかかりました。当時彼が住んでいたナント（フランス西部）を爆撃したのは、敵国のドイツ軍ではなく、味方であるはずの連合軍でした。ナントはドイツの占領下にあったからです。戦争の不条理に直面した彼は、以来、戦争という事態を作り出している背後そのものに目を向けるようになりました。

ヴィリリオが最初に手がけた出版作品は、第二次大戦の遺物として取り残されていた掩蔽壕《バンカー》の写真集『バンカー考古学』（一九七五）でした（本書一〇頁参照）。戦後ヴィリリオが目前で見たバンカーという「遺物」は一体どのような「戦争」を体現しているものなのか――この写真集には、バンカーに潜むさまざまな背景を多面的に浮き彫りにした考古学的考察が加えられています。海辺に打ち捨てられたいくつものバンカーの残骸に彼が見い出したのは、地理的・物理的な領土の攻防を中心とする「打ち捨てられた戦争形態」の姿であり、それはもはや神話以外の何物でもないという事実でした。

　空間を占拠し壊滅するという戦争形態はすでに過去のものとなりつつあり、現代の戦場は国境を越えた資本のフローが作り出すグローバルな経済空間となっている――このことをヴィリリオはカプティヴェ（captiver）という語の持つ両義性（捕虜にする／虜にする）で説明します。つまり、こうです。第二次大戦までの戦争は、ある国の労働力・原料・土地を暴力的に奪い合い、その土地に植民地という自国経済を潤す装置を作り出すために争われるという形態が一般的であった。ところが、現代のグローバル化した経済社会のもとでは、他国の空間を破壊すれば労働力・原料・土地どころか、そこから生み出される商品の売りさばき先さえも失うことになる。それゆえ現代の新しい戦争は、土地や人民を物理的に支配する（捕虜にする《カプティヴェ》）旧来型の戦争ではなく、人の心を心理的に支配する（虜にする《カプティヴェ》）情報戦争の形態を取るようになったのだと。一国の文化や社会への憧憬を掻き立て、それを商品化して自国の富を増やす。これが情報戦争の目的だとヴィリリオはいうのです。

　一九六〇年代の米ソ核兵器競争を背景に繰り広げられた東西冷戦も、ヴィリリオの目には通常語られる冷戦（砲火を交えぬ国際間の抗争）とは異なる姿として映し出されます。核爆弾という巨大エネルギー兵器は、それが爆発すれば地球規模の大破局となるのは誰の目にも明らかです。その点で冷戦は、現実には「使うことのできない」武器を使う、「起こりえない」戦争だったことは確かです。また、核武器が物理的には敵国ないし仮想敵国を標的にしていたことも事実です。しかしヴィリリオは、その政治的ターゲットは敵の国や国民ではなく、むしろ核を保有するそれぞれの国の自国民（あるいはその傘下にある国の自国民）ではなかったかと考えます。敵の核兵器はいつ自国に向けて発射されてもおかしくない状況にある――そういう「圧倒的な恐怖」の檻に自国民を閉じこめ、その檻によって「観念の国境」を作り出し、国内に広がる社会的諸問題、混乱、矛盾から国民の目を逸らさせること。これが自国民をターゲットにする理由だとヴィリリオは言うのです。こうした「抑止」政治は、経済のグローバル化によって物理的国境が意味を失ない、国境をまたぐ貧富の格差がリアルな「国境」として姿を現している現在でも、「テロ」「イスラム」「ヘイト」といった核兵器に代わる新しい「恐怖」の素材を利用しながら、強力に推し進められているといえるでしょう。

ところで、先に触れたように本書第Ⅱ部の中心テーマであるもう一つの「新しい戦争」は、情報戦争のさらに先を行く、常識をくつがえす「戦争」です。情報処理速度の高速化が総遺伝子の読み取りを可能にした二〇〇三年以降、個人の身体内部を攻撃する新しい爆弾が開発されようとしている。ヴィリリオはそう考えます。

今日の遺伝子改良技術は、とりわけ医療分野では難病の克服など人類の未来に明るい兆しをもたらす画期的な技術として、社会的にも大きく注目されています。人間から生物学的な欠陥を取り除き、より「健全な身体」を保証する技術の到来――何と素晴らしい「夜明け」でしょう。多くの人々がその「希望」に拍手を送り、その「進歩の科学思想」に頭を垂れます。しかしヴィリリオはこの科学思想の陰に、「優生種であるアーリア族の輝かしい未来のために、劣性種であるセム族を根絶しなければならない」と叫んだナチス優生主義の亡霊を見るのです。果たして遺伝子改良技術は健康寿命を延ばすことだけに満足するでしょうか？　より良い、より強い、より完璧な人類を「発明」するために、より劣った、より弱い、より不完全な人類を排除する方向へ暴走しはしないでしょうか。

ヴィリリオは、「個人の身体」は「領土的身体」「社会的身体」「動物（生物）的身体」の三つにより成り立つと考えます（本書一四三頁参照）。人類は長きにわたり「領土的身体」（住まう場所・環境）の整備（狩猟・耕作・灌漑）を通じて生存環境を維持してきました。そしてそれは必然的に「社会的身体」（協業）を必要とし、共同体の整備へと向かいました。やがて近代に至ると「領土的身体」の整備の中身が変わります。鉄道を敷き、道路網を広げ、飛行機を飛ばすようになるのです。それは同時に、交換・流通・市場という「社会的身体」の整備をも飛躍的に推し進めるものとなりました。

このように人間の歴史は、事物－人間との、あるいは人間－人間との「関係整備の歴史」ともいえますが、それらの整備はいずれも「動物的身体」（生ま身の身体）の外側でなされてきたものでした。それが今や、遺伝子改良技術によって「動物的身体」の内側にまで整備の手が伸びつつあるとヴィリリオは言います。

とくに近代に入ってから行われた「社会的身体」と「領土的身体」の飽くなき整備は、人類に対して恩恵だけでなく負債ももたらしました。「社会的身体」には「植民地」という汚染を、「領土的身体」には「公害」という汚染をもたらしたのです。しかし、現在進みつつある「動物的身体」の整備は、人類にそれ以上の計り知れない汚染を引き起こすかもしれないのです。

「動物的身体」の整備によって起こりうる事態をヴィリリオは、「身体内植民地化」という名の汚染として次のように危惧します。整備の結果、より完全な生物種としてのスーパー人間が完成したとする。それは協業（社会的身体）も環境（領土的身体）も必要としない新しい動物的身体の完成を意味する。そうなれば三つの身体で成り立ってきた私たちの「個人の身体」は必然的に完全解体に向かっていくだろう。そして完全解体された旧来の「人類」は劣等種として排除の対象にされていくだろう、と。装いを新たにした優生思想の復活です。

その先に広がる「闇」の光景を示しながら、ヴィリリオはそこからの脱出を、「身体内植民地化」の拒否を、「新たな身体内戦争」へのレジスタンスを呼びかけるのです。

「事故」という最終兵器──心に潜む起爆装置

本書の「結」は、九・一一事件直後に行われた対談で結ばれます。ヴィリリオはこの事件についても、旧来の「砲艦政治」（海岸線に戦艦を配備しその武力的威圧によって主導される政治）と旧来の「戦争形態」の決定的な失効を告げる「新しい戦争」の一つとして捉えます。この戦争は「真珠湾」以上の被害をアメリカにもたらしました。攻撃に使われたのは、強力な兵器でも、強力な軍隊でもありません。ツインタワービル（世界貿易センター）を襲ったのはふつうの民間旅客機であり、パイロットはアメリカ国内で密かに飛行操縦訓練を受けていたエジプト出身の青年でした。開戦宣言もなく、名指すべき敵すら見えない戦争です。ヴィリリオはこの戦争を、情報速度が作り出す現代特有の戦争だと位置づけています。

情報には物理的国境はなく、物理的国境を瞬時に乗り越える特質があります。その情報速度のもとでグローバルな分業化や市場化が実際に行われている以上、従来の地政学《ゲオ・ポリティクス》は新地政学《ネオ・ゲオ・ポリティクス》に書き換えられる必要があるとヴィリリオは言います。実際、情報速度の要素を加えたこの新地政学の視点で捉えれば、私たちの住む世界は、仮想空間《バーチャルスペース》を瞬時に移動する姿の見えない「敵」の目につねにさらされています。今や「戦争」は、情報化世界を舞台にした全員参加の市民戦争になりつつあるのです。姿の見えないその「敵」のターゲットは「私」であるかもしれない――私たちはつねにその「恐怖」に怯えながら、互いに「敵」を作り出すために戦われる（戦わされる）情報戦争に駆り出されているともいえるでしょう。

しかしヴィリリオによれば、私たちにとっての本当の敵はもっと別のところに存在していたのです。「結」の最後でヴィリリオは、もっと本質的な「姿の見えない敵」を明らかにします。その敵とは、科学技術信仰イデオロギーへの盲信が生み出す「科学技術の事故」です。

科学技術は私たちの生活世界に輝かしい「夜明け」をもたらしました。とりわけ光の速度は、生活の場に存在する「時空の隔たり」を消し去り、これまで見えなかった世界を煌々と照らし出してくれるようになりました。それに加えて今日では、生命を作り上げている遺伝子情報の暗がりにも、情報科学のまばゆい光が差し込むようになりました。この二つの新しい人工太陽（時空を消滅させ、動物的身体の内部をも照らし出す光）が、私たちの生活世界に新たな「夜明け」をもたらしたことは確かです。

しかし、天地創造を物語る「創世記」（モーセ）の冒頭にはこうあります。「光よあれ」と神が言うと光が生まれ、世界は光と闇に分かれた（第一章、一節－五節。傍点は引用者）、と。「光」が生まれるときには必ず「闇」も生まれてくるのであり、世界に「光」だけを求めることはできない、ということです。

三・一一（二〇一一年、東日本大震災・東京電力福島第一原発事故）を経験した私たちならすぐにその意味を知ることができるでしょう。原子力という「夢の巨大エネルギー」は真夜中に太陽の「光」を作り出し、「闇」を次々と消し去りました。経済活動は昼夜を問わず、二四時間回転し続けました。この「光」は人類の豊さを無限に広げるかのように思えました。しかし、この明るい「光」は同時に「闇」をも作り出していました。一体その「闇」とは。その答えが三・一一でした。

いみじくもヴィリリオは本書刊行の二〇〇二年時点で、その「闇」は「事故」の姿をしていると語っています。今まで転んだことのない人などいないように、「事故」は必ず起きます。「科学技術はつねに事故を想定し、事故を排するために完璧な自動コントロール装置のもとに置かれています。だから想定外の事故など万に一つも起こりえないのです」――このように主張する人たちもいるでしょう。しかし、たとえ「完璧」な計算のもとでも、太陽の突然のブロアーで起こる強烈な磁気嵐、マグマの噴出、巨大隕石の落下、大陸プレートの大移動、津波…、これら無数の、計算外の出来事が絶対に起きない保証はどこにもありません。これらは人類の、いや地球の歴史の中で、実際に起きてきたことなのです。今後そうした出来事が再び起きたとき、それでも事故は防げるといえるのでしょうか。偶然や人為によるちょっとした数値の狂いが、すべての制御情報に影響を及ぼし、破局的事故を招くことだってありうるのです。そうした巨大事故は、科学技術の「光」の陰に、つねに横たわっていると考えるのが自然です。

科学技術が作り出す「夜明けの光」は、実は深い「闇」へと沈んでいく「黄昏の光」でもあったのです。

不可視の最終兵器は「科学技術の進歩」の裏側から襲ってくる「科学技術の事故」である、とヴィリリオは言います。逆にいえば、「科学技術の事故」は「恩恵の光」の陰で密かに準備された、無差別に発動される最終兵器だということです。

私たちは科学技術の進歩によって長い「闇」の時代から抜け出たはずなのに、科学技術を盲信したために再び錬金術の時代に立ち戻っているのではないのか。そして、二つの人工太陽が作る新しい「夜明け」のあまりのまぶしさに眼を眩まされ、盲目的状態に陥ったままでその暗がりの中を生きているのではないのか。ヴィリリオはそう問いかけた上で、その「闇」にこそ未来につながる「光」があるという逆説を提示します。自分の身体で立ち尽くし、「闇」を直視してこそ、私たちは初めて「夜明け」の黎明を迎えることができるのだと。

この人類史的危機を私たちは克服することができるでしょうか。「現実」をつかさどる現代の光速度情報技術社会は、新時代を告げる「夜明け」なのか、それとも終わりへと向かう「黄昏」なのか。本書はその両義性の中をさまよう人類史の「今」を、まさに煌々と照らし出しています。

最後に

時代の「今」を駆け抜けたポール・ヴィリリオ氏は、二〇一八年九月一八日、一三時〇八分、八六歳の生涯を閉じました。その数日前まで、INCERTAIN VIDE（不確かな空虚）というタイトルで、新しい展覧会（カルチェ現代美術財団・パリ）の開催準備をしていた矢先でした。

土屋　進

二〇一九年八月三一日

著者紹介

ポール・ヴィリリオ（Paul Virilio）

1932年パリ生まれ、2018年９月没。思想家、芸術家、建築家、都市計画専門家、建築専門校（ＥＳＡ）教授・学長、出版編集者、社会活動家。『速度と政治――地政学から時政学へ』（市田良彦訳、平凡社）、『瞬間の君臨――リアルタイム世界の構造と人間社会の行方』（土屋進訳、新評論）などの一連の著作で、「速度」が生み出す「現実」と「今」を明らかにする。本書『黄昏の夜明け』は、自らの身体を通して「今」を生きたヴィリリオの、「現実」との格闘の軌跡であると同時に、私たちの同時代的精神史を形づくる重要な証言録となっている。

訳者紹介

土屋進（つちや・すすむ）

大学非常勤講師。現代社会、文化、思想に幅広い関心を持つ。主訳書：P. ヴィリリオ『瞬間の君臨』『情報エネルギー化社会――現実空間の解体と速度が作り出す空間』（共に新評論）、G. デュブッフ『ボージョレ・ワイン物語』（平凡社）、E. ビュフェトー『博物誌の謎解き』（心交社）、H. アモン＆P. ロトマン『イヴ・モンタン――ぼくの時代』（上・下、文藝春秋社）など。

黄昏の夜明け
――光速度社会の両義的現実と人類史の「今」　（検印廃止）

2019年10月15日　初版第１刷発行

訳　者　土屋　進
発行者　武市一幸

発行所　株式会社　新評論

〒169-0051 東京都新宿区西早稲田3-16-28
http://www.shinhyoron.co.jp

TEL 03（3202）7391
FAX 03（3202）5832
振替 00160-1-113487

定価はカバーに表示してあります
落丁・乱丁本はお取り替えします

装幀　山田英春
カバー図版　渡辺志桜里
印刷　フォレスト
製本　松岳社

ISBN978-4-7948-1126-4
Printed in Japan